ELISABETH RAETHER

Das Beste vom
WOCHENMARKT

ELISABETH RAETHER

Das Beste vom WOCHENMARKT

NEUE FRISCHE UND SAISONALE REZEPTE AUS DEM ZEIT MAGAZIN

riva

Bibliografische Information der Deutschen Nationalbibliothek
Die Deutsche Nationalbibliothek verzeichnet diese Publikation in der Deutschen Nationalbibliografie. Detaillierte bibliografische Daten sind im Internet über http://dnb.d-nb.de abrufbar.

Für Fragen und Anregungen
info@m-vg.de

Wichtige Hinweise
Ausschließlich zum Zweck der besseren Lesbarkeit wurde auf eine genderspezifische Schreibweise sowie eine Mehrfachbezeichnung verzichtet. Alle personenbezogenen Bezeichnungen sind somit geschlechtsneutral zu verstehen.

Originalausgabe
5. Auflage 2023

Türkenstraße 89
80799 München
Tel.: 089 651285-0
Fax: 089 652096

Herausgeber: Zeitverlag Gerd Bucerius GmbH & Co. KG
Redaktion: Cora Wetzstein
Umschlaggestaltung und Layout: Isabella Dorsch
Umschlagabbildungen und Abbildungen im Innenteil: S. 158: Ragnar Schmuck; alle anderen Bilder: Silvio Knezevic
Satz: inpunkt[w]o, Haiger (www.inpunktwo.de)
Druck: Firmengruppe APPL, aprinta Druck, Wemding
Printed in Germany

ISBN Print 978-3-7423-0309- 7
ISBN E-Book (PDF) 978-3-95971-797- 7
ISBN E-Book (EPUB, Mobi) 978-3-95971-796- 0

Weitere Informationen zum Verlag finden Sie unter
www.rivaverlag.de
Beachten Sie auch unsere weiteren Verlage unter www.m-vg.de

INHALT

HERBST . . . 118

WINTER . . . 169

VORWORT

Die Rezepte aus diesem Buch stammen aus den vergangenen drei Jahren, aus der Zeit also, als ich mich schon ein bisschen daran gewöhnt hatte, Kochkolumnistin des *ZEITmagazins* zu sein. Denn vorweg muss ich eins sagen: Das Dasein als Kochkolumnistin, das ich nun schon seit 2011 führe, ist ein seltsames.

Ich wurde für diesen Job nicht geboren, wusste lange nicht einmal, dass er existiert. Ich bin eher zufällig in dieses Geschäft geraten, oder sagen wir es einfach, wie es ist: Niemand anderes wollte diese Arbeit machen. Dabei wäre jeder andere außer mir auch geeignet gewesen, denn das Prinzip der Kolumne sollte ja sein, dass eben kein Experte Lektionen erteilt, sondern jemand einfach gern draufloskocht. Aber genau da lag wohl der Haken. Denn, klar, fast jeder isst gern, aber meine Beobachtung ist, dass das Essenmachen gar nicht so viele Leute mögen, wie man angesichts der Flut an Kochbüchern, -shows und -blogs meinen könnte.

Die meisten Kochbücher sind zum Beispiel nur zum Angucken und Herumliegen gemacht.
Nur ein Bruchteil der Rezepte, die sich in einer durchschnittlichen Privatbibliothek befinden, wird jemals nachgekocht. Ganz zu schweigen von denen, die in den weltumspannenden Datenbanken auf Kochwebsites lagern. (Ich hatte dazu mal eine alternative Kochkolumnenidee: Rezepte, die ich nie gekocht habe und niemals kochen werde.) Viele Leute finden das Kochen lästig und vor allem überflüssig, was es ja in gewisser Weise angesichts der vielen Industrieangebote auch ist, die einem das Gefühl geben, man verschwende schon seine Zeit, wenn man seinen Apfel vor dem Essen selbst zerteilt.

Ich habe also den Job angenommen, die Kochkolumne im *ZEITmagazin* zu schreiben, ohne so recht zu wissen, worauf ich mich einlasse. Offen für alles, aber einigermaßen planlos. Nun kann ich sagen: So eine Kolumne hat persönlichkeitsverändernde Wirkung. Wenn man jede Woche eine Kolumne schreibt, begleitet sie einen bei fast allem, was man tut. Ich nehme an, den Auto-, Garten- und Fitnesskolumnisten geht es ähnlich, und gar nicht auszudenken, wie es den Kolumnisten geht, die über das Leben im Allgemeinen schreiben. Jeder Gedanke, jede Beobachtung, jede Begegnung muss daraufhin untersucht werden, ob sich eine Kolumne daraus stricken lässt.

Wenn man über Essen schreibt, dreht sich also das ganze Leben ums Essen. Es gibt kein unschuldiges Vor-sich-hin-Essen mehr, kein gedankenverlorenes Wandeln zwischen Supermarktregalen. Das ist also mein Schicksal. Immerhin: Ich habe seither nicht (kaum) zugenommen.

Aber das Essen prägt meinen Blick auf alles.
Bin ich auf Reisen, lautet die wichtigste Frage: Wie ist das Essen? Ich habe schon lange keinen Urlaub mehr in einem Land gemacht, in dem die Esskultur nicht ganz so wichtig ist, und ich schäme mich dafür ein bisschen. Denn ich finde, Großbritannien zum Beispiel ist eigentlich ein wahnsinnig interessantes Land.
Ich denke daran, was ich am nächsten Tag essen werde und was ich am Tag zuvor gegessen habe. Wenn ich aufwache, denke ich daran, was ich frühstücke, obwohl ich eigentlich jeden Morgen das Gleiche frühstücke. Manchmal denke ich im Sommer daran, was ich im Winter essen werde, und andersherum. Essen, essen, essen.

Dazu muss man sagen, dass ich in einem Beruf arbeite, im Bereich des hochseriösen Journalismus nämlich, in dem man über Essen so wenig redet wie über Sex. Jeder tut es, hoffe ich zumindest, jeder weiß, dass der andere es tut, aber man tauscht sich darüber wenn überhaupt nur in Andeutungen aus. Regelmäßig passiert es aber, dass Kollegen mich auf dem Flur oder im Konferenzraum flüsternd beiseite nehmen und mir von der herrlichen Zitronenpasta (Seite 202) oder dem Himbeerkuchen (Seite 88) vorschwärmen. Manchmal schicken sie mir am Wochenende auch Handyfotos von ihren Erfolgen.

Ich selbst habe mich an mein Gefräßigsein gewöhnt und versuche nicht, es zu verbergen. Euphemistisch nenne ich es: bewusstes Essen.

Zum Kochkolumnistinnendasein gehört auch, dass es ein etwas exotischer Beruf ist, der sofort alle möglichen Fragen aufwirft. Kochst du das etwa alles selbst, was du auf deiner Seite vorstellst? Das ist die mit größtem Abstand häufigste Frage. Antwort: Ja, natürlich! Und so viel Arbeit ist es ja nun nicht, im Prinzip koche ich zwei- bis dreimal die Woche. Das Gute ist ja: Ich darf die Gerichte auch aufessen, nachdem ich sie gekocht habe. Und wie oben erwähnt, gibt es bei mir selten mal etwas, das lange Vorbereitung bräuchte. Jedenfalls kein Vergleich zum handwerklichen Aufwand, den die traditionellen Küchen verlangen. Aber das ungläubige Fragen sagt einiges über den Blick auf Essen und Kochen in unserer Gesellschaft: Es wird sehr, sehr viel darüber geredet, es wird sehr viel theoretisiert, es werden sehr viele Ratschläge gegeben – wenn ich dieses Buch als Ratgeber vermarktete und das Ganze im Ton etwas apodiktischer wäre, könnte ich wahrscheinlich gleich 10.000 Stück mehr verkaufen. Und es wird ja in unserer Gesellschaft auch sehr viel und ständig gegessen, immerhin ist die Mehrheit der Menschen in diesem Land übergewichtig. Aber das Widersprüchliche ist: Es wird sehr wenig Zeit mit Essen und Kochen verbracht. Alles muss immer sehr schnell gehen. So wird Kochen und Essen verdrängt von anderen Tätigkeiten, die wichtiger erscheinen, oder zumindest weniger repetitiv sind.

Dabei ist Kochen ja auch bei täglicher Wiederholung eine schöne Tätigkeit, ein Genuss, bevor man auch nur einen Bissen probiert hat. Man kann sich auf das Essen freuen, seine Nase in Gewürzdosen halten, die eigenartige Schönheit von Gemüse bestaunen, man kann seinen Gedanken nachhängen, sich unterhalten, kann Musik hören, in den Ofen gucken und den Verwandlungen zusehen, die sich dort ereignen. Ich gehöre außerdem zu den Köchen, die auch ständig aus dem Topf probieren und natürlich meistens schon einen sogenannten Kochwein trinken. Und ehrlich gesagt, so richtig anstrengend ist das Kochen nun auch wieder nicht, wenn man nicht gerade eine Sau entbeint oder Ähnliches.

Was hat sich verändert, seit 2014 der erste Band mit Rezepten meiner Kolumne als Buch erschienen ist?

Es gibt mehr Kuchen. Obwohl ich kein Talent fürs Backen habe – mir fehlt leider der Wille zur Präzision und Ordnung, habe ich es immer und immer wieder probiert. Inzwischen bekomme ich sehr passable Kuchen hin. Ich werde für meine Mühe fürstlich entlohnt, denn ich darf, was man nur darf, wenn man selbst backt: erstens rohen Kuchenteig naschen und zweitens den Kuchen essen, wenn er noch warm ist. Mein größter Backerfolg ist die Birnentarte auf Seite 112. Sie gelingt immer, sieht elegant aus und schmeckt so gut, dass ich sie in der Woche, in der ich sie entdeckt habe, gleich dreimal gebacken habe.

Weiterhin bleibt es oft vegetarisch in meiner Küche, aber ich sage es mal so: an den richtigen Stellen vegetarisch. Das heißt, es wird nicht unnötigerweise Normalfleisch verschlungen, sondern Fleisch als kostbares Geschenk behandelt, auf das man achtgibt wie auf ein teures Parfüm. Es gibt einen üppigen Schweinebraten, asiatisch, scharf, süß und saftig (Seite 40), eine unglaublich aromatische Lammschulter mit viel Knoblauch (Seite 26), ein schlichtes, knuspriges Brathuhn (Seite 92).

Einige Schmortöpfe sind dabei – Lamm mit Pflaumen (Seite 142), ein Biergulasch (Seite 216). Denn ich denke, Schmoren ist immer noch die bequemste und also beste Garmethode: Während es stundenlang köchelt, ruht der Koch sich aus. Es gibt viel Italienisches: Parmesan-Spinatknödel (Seite 22) und Crostini (Seite 172) und natürlich einige Risotto- und Pastarezepte, wie soll man davon jemals genug haben. Dazwischen findet man ein bisschen was Französisches wie Eier in Rotweinsoße (Seite 200) und ein kleines Käsegebäck (Seite 30), das man zum Aperitif isst. Gewürze kommen zum Einsatz, für die Currys, aber nichts, was zu verrückt wäre. Denn, falls man sich an dieser Stelle fragt, wie so eine eklektische Auswahl zustande kommt: Die wichtigste Gemeinsamkeit der Gerichte in diesem Buch ist, dass sie mir schmecken. Ja, so ist es, man muss nicht drumherum reden. Aber es gibt noch eine Gemeinsamkeit, von der Sie als Leser vielleicht mehr haben: Die Gerichte sind, ich verspreche es, leicht zuzubereiten.

Sie sind vielfach ausprobiert worden, von mir selbst natürlich, von oben erwähnten Kollegen, aber auch vom strengen *ZEIT*-Leser, der mir keine Unaufmerksamkeit durchgehen ließe. Normalerweise sind meine Leser aber sehr freundlich und auch geduldig mit mir. Dafür möchte ich ihnen an dieser Stelle danken: für Ermutigung, Lob und Liebe. Nichts wäre diese Kolumne, wenn nicht ab und zu mal jemand sich trauen würde, mich beim Wort zu nehmen, und die Rezepte auch nachkocht.

FRÜHLING

RISOTTO MIT KRÄUTERN

Zutaten für 2 Personen

Für den Fond
je 1 Zweig Rosmarin, Lorbeer und Salbei
Grün von 1 Bund Frühlingszwiebeln
1 l Wasser, Salz

Für den Risotto
Weiß von 1 Bund Frühlingszwiebeln
etwas Olivenöl
150 g Risottoreis
Salz
100 ml Weißwein
Pfeffer
70 g frische Kräuter wie Kerbel, Bärlauch, Basilikum, Koriander, Schnittlauch u. a.
50 g Butter
50 g Parmesan

Schauen Sie YouTube-Kochtutorials. Auch oder vor allem dann, wenn Sie gar nicht vorhaben, etwas zu kochen. Die beruhigende Wirkung ist immens. All die schlechten Nachrichten – ganz weit weg plötzlich. Ich lege Ihnen den japanischen Kanal »Cooking with Dog« ans Herz. Darin kocht eine Frau köstliche Dinge, von denen ich noch nie vorher gehört habe, während neben ihr ein leicht verwirrt aussehender Pudel sitzt. Zu meinen Favoriten gehört auch der Channel eines Italieners, von dem man meist nur einen dicken Arm und stark behaarte Finger sieht. Manchmal ruft er: »Profumo incredibile!« Bei ihm habe ich gelernt, dass man aus Kräutern einen Fond kochen kann, der sich sehr gut für die Zubereitung eines Kräuterrisottos eignet. In Italien wachsen offenbar Kräuter, die es hier nicht gibt, *bruscandoli*, *carletti*, *asparagine* heißen sie. Ich verwende gewöhnliche Kräuter, die auf dem Markt jetzt zum Frühlingsanfang wieder angeboten werden: Kerbel, Koriander, Schnittlauch, Bärlauch.

Für den Fond werden die Zweige von Rosmarin, Lorbeer und Salbei und das Grün der Frühlingszwiebeln in einen Topf gegeben, Wasser und 1 Prise Salz hinzufügen. Wasser zum Kochen bringen, alles ½ Stunde lang zugedeckt bei mittlerer Hitze köcheln lassen. Der Fond wird am Ende etwas bitter, was man aber im Risotto nicht schmeckt.
Für den Risotto das Weiß der Frühlingszwiebeln putzen, waschen und in feine Ringe schneiden. Olivenöl in einem Topf erhitzen, Reis hinzugeben. 5 Minuten lang unter Rühren die Reiskörner toasten. Das Weiße der Frühlingszwiebeln dazugeben sowie etwas Salz. Weiterdünsten. Mit Wein ablöschen. Wenn die Flüssigkeit verdampft ist, gießt man vom Kräuterfond eine oder zwei Kellen dazu. Einkochen lassen, dabei rühren. Sobald keine Flüssigkeit mehr im Topf ist, wieder zwei Kellen vom Fond dazugießen. Den Vorgang wiederholt man so oft, bis die Reiskörner weich sind, was 20 Minuten dauert. Am Ende sollte der Risotto cremig sein, also die Flüssigkeit eingekocht. Nachsalzen und pfeffern. Die Kräuter waschen, trocken schütteln, fein hacken und unterrühren, ebenso Butter und geriebenen Parmesan.

PETERSILIENSALAT MIT SPECK

Zutaten für 2 Personen

220 g Pancetta oder Speck
100 g glatte Petersilie
1 Zitrone
½ kleine rote Zwiebel
50 g Parmesan
Salz
schwarzer Pfeffer
Olivenöl

Frische Kräuter sind in deutschen Küchen inzwischen nicht mehr nur Dekoration, sondern eine ernst zu nehmende Zutat. Ich glaube, das verdanken wir dem Londoner Superstarkoch Ottolenghi. Ich finde ihn auch sehr inspirierend, aber die Zutaten, die man für seine Rezepte braucht, sind so zahlreich und ungewöhnlich, dass man nach dem Kochen immer nicht so recht weiß, wohin mit dem Rest. Er sollte als Nächstes bald mal ein Kochbuch für die ganzen Zutaten schreiben, die übrig bleiben, wenn man eins seiner Rezepte ausprobiert hat.
Ich war also neulich etwas ratlos mit meinem Strauß Petersilie, der, weil ich ihn im Asialaden gekauft hatte, so groß war, dass ich kaum noch in meine Küche kam (sie ist recht klein). Also habe ich ein bisschen recherchiert und bin darauf gestoßen, dass man aus Petersilie auch Salat machen kann. Eigentlich eine naheliegende Idee, jeder kennt Taboulé. Doch dieser Petersiliensalat schmeckt ganz anders, gar nicht nach Hasenfutter, was vielleicht am Speck liegt.

Den Speck also in dicke Würfel schneiden (Scheiben sind auch in Ordnung). Man kann alternativ Pancetta nehmen, die italienische Variante, die hat noch etwas mehr Fett. In einer Pfanne braten, bis das flüssige Fett ausgetreten ist und der Speck knusprig wird. Das dauert ungefähr 12 Minuten. Auf einen mit Küchenpapier bedeckten Teller legen und abtropfen lassen.
Petersilien waschen, trocken schütteln, Blätter von den Stängeln zupfen, in eine Salatschüssel geben. Die Zitrone in Scheiben von ½ cm Dicke schneiden, dann die Schale und die weiße Haut entfernen und die Scheiben schließlich vierteln. Zur Petersilie geben. Die Zwiebel schälen, sehr fein schneiden, ebenfalls dazugeben. Parmesan in die Schüssel reiben. Den Salat mit 1 Prise Salz und Pfeffer würzen, etwas Olivenöl darübergießen. Zum Schluss den Speck hinzufügen und alles vermengen.

SCHARFE KRÄUTERSOSSE »ZHUG«

Zutaten für 3 Personen

1 TL schwarze Pfefferkörner
1 TL Kreuzkümmelfrüchte
½ TL Kardamomsamen
2 Bund frischer Koriander
2 Knoblauchzehen
½ kleine frische rote Chili
8 EL Olivenöl

Es gibt, Gewürze betreffend, einen Richtungsstreit unter Experten: Ist es besser, Gewürze gemahlen zu kaufen, oder sie selbst zu mahlen? Ich räume ein, dass es im Prinzip egal ist. Machen Sie, lieber Leser, einfach, was Sie für richtig halten. Es spricht aber einiges dafür, Gewürze selbst im Mörser zu zerstoßen. Man kauft gemahlene Gewürze ja vor allem, um Zeit zu sparen. Die Frage ist aber: Für was will man all die Zeit denn eigentlich verwenden, die man spart, wenn man Fertigprodukte isst? Ich will sagen: Gewürzemahlen ist eine schöne Tätigkeit, bei der man z. B. seinen Gedanken nachhängen kann.

Außerdem sind gemahlene Gewürze oft verunreinigt, nämlich mit Salmonellen. Das weiß ich, weil ich aus Angstlust manchmal die vom Bundesamt für Verbraucherschutz betriebene Website lebensmittelwarnung.de besuche. Und dann wäre da noch der Geschmack. In dieser Kräutersoße spielen Gewürze eine wichtige Rolle und die Zubereitung verlangt so wenig Arbeit, dass man das mit dem Mörsern einmal ausprobieren könnte. Kardamomsamen findet man im Biomarkt, Kreuzkümmelfrüchte, auch Kumin genannt, am Gewürzstand auf dem Markt, in arabischen und türkischen Läden und natürlich im Internet.

Gewürze in der Pfanne ohne Fett rösten. Abkühlen lassen und im Mörser fein mahlen. Koriander waschen, Blätter abzupfen, Stiele klein schneiden. Stiele und Blätter in eine hohe Schüssel geben. Knoblauchzehen schälen. Die Chilihälfte von Kernen befreien und waschen. Gewürze, Knoblauchzehen, Chilischote und Olivenöl zum Koriander geben und alles pürieren. Wenn die Soße zu trocken wird, mehr Öl hinzufügen.

Ich glaube, es gibt in jeder Küche der Welt eine Soße aus frischen Kräutern; diese kommt nach allem, was ich weiß, aus dem Jemen. Sie schmeckt zu gegrilltem Lamm und Rind, zu gegrilltem Gemüse, Spiegelei und Omelette und als Dressing mit etwas Zitronensaft zu geriebenen Karotten.

KALB MIT SALSA VERDE

Zutaten für 4 Personen

1 kleine Zwiebel
1 Karotte
800 g Kalbsnuss
1 Lorbeerblatt
etwas abgeriebene Bio-Zitronenschale
ein paar Stängel Petersilie
3 Pimentkörner
Salz
5 Pfefferkörner
1/8 l Weißwein

Für die Salsa Verde
2 große Bund Petersilie
4 Anchovis
4 Essiggürkchen
1 hart gekochtes Ei
etwas Olivenöl
Salz
Pfeffer

Wenn man ein Stück Fleisch in einem Fond kocht, kann man nebenher anderes tun, Zeitung lesen, googeln, auf dem Balkon Zigaretten rauchen (Letzteres ist aber ungesund, falls Sie es noch nicht mitbekommen haben): Denn die heiße Brühe erledigt die ganze Arbeit. Eine Kalbsnuss, ein zur Keule gehörendes mageres Stück, bekommen Sie nicht abgepackt im Supermarkt. Diese Zutat habe ich mit Absicht so gewählt, damit Sie mal wieder bei Ihrem Metzger vorbeischauen. Klar, Rewe ist praktisch und hat ja jetzt auch eine Feinschmeckerecke, aber trotzdem wissen die Leute dort oft nicht, was sie eigentlich verkaufen. Ein Metzger dagegen lässt sich gern in ein Gespräch verwickeln und kennt viele Rezepte jenseits aktueller Food Trends. Meiner hat gesagt, dass die Kalbsnuss am besten so zubereitet wird:
Die Zwiebel schälen, Karotte putzen, schälen und in drei bis vier Stücke schneiden. Zwiebel, Karotte, Lorbeerblatt, Zitronenschale, Petersilienstängel, Piment, 1 Prise Salz, Pfefferkörner, Weißwein und Wasser in einen Topf geben, und zwar von Letzterem so viel, dass das Fleischstück bedeckt ist. Das gibt man aber noch nicht dazu, zunächst wird der Fond aufgekocht, dann die Temperatur heruntergeschaltet. Dann erst kommt das Fleisch in den Topf. Die Brühe sollte während der Garzeit – 1 Stunde und 15 Minuten – nicht kochen, sondern nur ein wenig blubbern. Bei größeren Stücken verlängert sich die Garzeit. Die Garprobe geht so: Mit einer Fleischgabel einstechen – wenn das Fleisch leicht von der Gabel rutscht, ist es fertig. (Hat man während des Kochvorgangs ab und zu den Schaum von der Brühe abgeschöpft, kann man sie z. B. für eine Suppe weiterverwenden.) Das Fleisch aufschneiden und mit der Salsa Verde servieren. Dafür die Petersilie waschen, trocken schütteln, die Blättchen abzupfen und diese hacken. Anchovis und Gürkchen ebenfalls hacken. Das Ei pellen und auch hacken. Die vorbereiteten Zutaten mit Olivenöl vermengen und mit Salz und Pfeffer abschmecken.

PASTA MIT RICOTTA UND SPINAT

Zutaten für 2 Personen

Salz
30 g Parmesan
130 g Ricotta
Pfeffer
160 g kurze Pasta
300 g frischer Spinat
etwas Olivenöl
1 Stück Butter

Bei einer kalifornischen Fast-Food-Kette wurde der erste Roboter eingestellt, der Burger brät. Er heißt Flippy und sein Job ist es, die Fleischfladen im Bratfett zu wenden. Der Hersteller entwickelt derzeit noch andere Roboter, die dann an der Fritteuse arbeiten, Zwiebeln schneiden und Ähnliches tun sollen. Nur die ganz blöden Jobs also, versichert die Firma, was die Leute, die diese Arbeit im Moment noch erledigen, sicher gern hören. Ich möchte damit sagen: Wir sollten die Zeit genießen, in der wir noch in Ruhe unwirtschaftliche Dinge tun können wie z. B. Spinat waschen. Jetzt nervt es noch, was vor allem am Sand liegt, der sich nie ganz wegwaschen lässt und meist zwischen den Zähnen knirscht, woraufhin der Koch sich bei Tisch Vorwürfe anhören muss. Aber in ein paar Jahren wird ein Roboter Ihren Lieben das Abendessen servieren und Sie werden sich daran erinnern, wie schön es doch war, als Ihre Hingabe mit nörgeliger Selbstverständlichkeit zur Kenntnis genommen wurde, was ja immerhin die Definition von Familienleben ist.

Dieses Pastarezept lebt von der bekannten, aber unschlagbaren Kombination aus Spinat und Ricotta. Zunächst setzt man leicht gesalzenes Wasser für die Pasta auf. Während man es zum Kochen bringt, den Parmesan reiben und den Ricotta mit 2 EL von dem Kochwasser und dem Parmesan glatt rühren. Pfeffer dazugeben. Wenn das Wasser kocht, die Pasta hineingeben und darin nach Packungsangabe al dente kochen. Inzwischen Spinat putzen und waschen, in Olivenöl in einer Pfanne dünsten, bis die Blätter in sich zusammenfallen, aus der Pfanne nehmen und beiseitestellen. 2 Minuten vor Ende der Garzeit die Nudeln aus dem Wasser nehmen, zusammen mit etwas Kochflüssigkeit in die Pfanne geben. Ricotta-Parmesan-Mischung und Spinat unterrühren. Das Ganze etwas andicken lassen. Wenn es zu trocken erscheint, noch mal etwas Kochwasser dazugeben und einkochen lassen. Vor dem Servieren ein kleines Stück Butter unterrühren. Eventuell nachsalzen.

ITALIENISCHE SPINATKNÖDEL (MALFATTI)

Zutaten für 2 Personen

700 g frischer Spinat
1 Knoblauchzehe
etwas Olivenöl
Salz
250 g Ricotta
80 g Parmesan
1 Ei
Pfeffer
Muskat
100 g Mehl (plus etwas mehr zum Verkneten)
ca. 40 g Butter

Die Schauspielerin Frances McDormand, Ende fünfzig, sagte einmal in einem Interview: »Erwachsensein gilt heute nicht mehr als erstrebenswert.« Sie meint natürlich uns Frauen, die wir aussehen sollen und wollen wie 15-Jährige und nicht wie die lebenserfahrenen Frauen, die einige von uns eben sind. Ich hoffe aber, dass Frances McDormand auch die Infantilisierung der Gemüsetheke meint. Warum ist Gemüse heute winzig wie Kinderspielzeug? Wer hat uns weisgemacht, dass es besser wäre, harmlose Blättchen namens Baby-Spinat aus der Tüte zu essen statt der dunkelgrünen, ledrigen, runzeligen, erdigen Lappen, die doch so gut schmecken? Die einfache Antwort darauf ist die, dass es mühsam ist, Spinat zu waschen. Man muss die Blätter von Stielen und Wurzeln befreien, dann legt man sie in eine Schüssel mit kaltem Wasser. Das Wasser wechselt man ein- oder zweimal, bis die Erde abgewaschen ist.

Für diese italienischen Knödel, genannt Malfatti, wird der Spinat wie folgt weiterverarbeitet: Die Blätter 5 Minuten lang in kochendem Wasser garen. Abschrecken, abtropfen und abkühlen lassen, mit der Hand das Wasser ausdrücken. Dann die Blätter fein hacken. Den Knoblauch schälen und andrücken. In einer Pfanne Olivenöl erhitzen, Knoblauchzehe dazugeben und den Spinat im Öl kurz schwenken. Salzen und die Knoblauchzehe entfernen. Parmesan reiben. In einer Schüssel Spinat, Ricotta, 60 g Parmesan, Ei, Salz, Pfeffer und Muskat vermengen. Mehl einarbeiten, sodass ein Teig entsteht. Mit bemehlten Händen Knödel von 2 bis 3 cm Durchmesser formen. In einem Topf gesalzenes Wasser zum Kochen bringen. Malfatti hineingeben. Sie sind gar, wenn sie nach oben steigen, nach ungefähr 5 Minuten.

Man kann die Malfatti so servieren, mit geriebenem Parmesan. Oder mit einer schnellen Soße: In einer Pfanne (man kann die nehmen, in der man den Spinat erhitzt hat) die Butter zerlassen, eine Kelle vom Kochwasser der Malfatti dazugeben, etwas Parmesan hineinreiben und die Soße kurz einkochen, bis sie cremig ist.

LAMMKARREE MIT FRISCHEN KRÄUTERN

Zutaten für 4 Personen

etwas Olivenöl
1 kg Lammkarrees mit Knochen
1 Bund Minze
1 Bund Schnittlauch
1 Bund Petersilie
Pfeffer
Salz
6 TL scharfer Senf

Es folgt eine Anleitung, wie Sie Ihr Zuhause im Handumdrehen in ein türkisches Grillhaus verwandeln können. Noch Tage später wird Sie beim Nachhausekommen der Duft von gebratenem Lammfleisch begrüßen. Das Rezept stammt allerdings von einem dieser Edelschweinebauern, deren Memoiren derzeit den Buchmarkt dominieren. Das Buch heißt *Ginger Pig*, und das Rezept enthält viel Fleisch und viele Kräuter, was meiner Idee einer ausgewogenen Ernährungsweise sehr nahekommt. Ich ahne schon, dass einige Leser das anders sehen werden. Aber bitte lasst uns nicht streiten, liebe Freunde. Wer kein Fleisch mag und schon gar kein Lamm, der blättere einfach weiter und freue sich über die Rezepte mit Radieschen und Erdbeeren, die dieses Buch auch enthält.

Backofen auf 220 °C vorheizen. Das Öl in einer Pfanne mit schwerem Boden erhitzen, die Lammkarrees darin kurz von beiden Seiten anbraten, damit das Fleisch etwas Farbe annimmt. Am besten gibt man nicht alle Karrees auf einmal in die Pfanne, sondern nur so viele, dass der Boden bedeckt ist. Das angebratene Fleisch in eine Auflaufform legen und 8 bis 10 Minuten lang im Ofen garen (dann ist es innen noch rosa). Im Kochbuch wird die Kräutermischung, die zu dem Fleisch serviert wird, Kruste genannt. Aber im Grunde handelt es sich um eine Art frischer Soße, die zum Schluss kurz mitgegart wird. Kräuter waschen und trocken schütteln. Von Minze und Petersilie die Blättchen abzupfen und diese zusammen mit dem Schnittlauch sehr fein hacken, mit Pfeffer und Salz vermengen. Den Senf unterrühren. Scharfer Senf eignet sich, oder man verwendet zur Hälfte süßen Senf. Karrees aus dem Ofen nehmen, jeweils etwas von der Kräutermischung daraufdrücken. Das Ganze noch mal 3 Minuten lang im Ofen backen. Man kann dazu Bulgur essen, unter den man etwas Butter, geröstete Pinienkerne und ein paar gehackte Rosinen rührt. Oder ein Kartoffelgratin, so wie unser Fotograf es tut.

LAMMSCHULTER AUS DEM OFEN

Zutaten für 3 Personen

1 Knoblauchknolle
1,5 kg Lammschulter mit Knochen
8 kleine Kartoffeln
6 Karotten
6 Zwiebeln
1 Bund Thymian
Salz
Pfeffer

150 ml Weißwein
300 ml Wasser

Für die Soße
1 Bund Minze
4 EL Essig
1 EL Zitronensaft
2 TL Zucker
1 Prise Salz

Manchmal habe ich die Befürchtung, ich könnte mich langsam in einen einfältigen Vielfraß verwandeln, der in jeder Lebenssituation denkt: Okay, aber was gibt es zu essen? Ich werde die höchsten Feiertage der Christenheit jedenfalls in der Küche verbringen. Diese Lammschulter zuzubereiten ist zwar nicht arbeitsintensiv, dauert aber einige Stunden. Man wird belohnt mit Fleisch, das so zart ist, dass man es mit der Hand vom Knochen lösen kann. Der Braten ist nichts für Menschen, die im Herzen Vegetarier sind und nur aus Gewohnheit Fleisch essen. Jeder Bissen schmeckt anders, weil das Fleisch sehr durchwachsen ist. Und das Schulterblatt sieht so aus, wie man sich sein eigenes vorstellt. Anmutung und Geschmack schrecken offenbar so viele Leute, dass die Lammschulter heute nicht mehr besonders beliebt ist und wenig kostet (viel weniger als die Keule). Das Obelixhafte der Mahlzeit wird noch unterstrichen, wenn man das dunklere Fleisch eines Lamms verwendet, das im vergangenen Frühjahr geboren wurde, also fast schon ein Jungschaf ist.

Den Ofen zunächst auf 190 °C vorheizen. Knoblauchknolle quer aufschneiden (falls Sie frischen Knoblauch verwenden: längs halbieren), damit das Fleisch einreiben. Kartoffeln waschen, schälen und eventuell halbieren. Die Karotten putzen, schälen und in 5 cm lange Stücke schneiden. Die Zwiebeln schälen und nach Belieben halbieren. Thymian waschen und trocken schütteln. Knoblauch, Gemüse und Thymian in eine Auflaufform legen, das Fleisch daraufsetzen, salzen und pfeffern. Weißwein und Wasser dazugießen. Die Form mit Alufolie umwickeln und in den Ofen stellen. Nach 30 Minuten auf 150 °C schalten. Die Lammschulter 3,5 Stunden weitergaren. Die Alufolie entfernen und die Auflaufform weitere 45 Minuten im Ofen lassen: So bekommt das Fleisch eine Kruste. Dazu passt eine kalte Minzsoße, wie sie in England zu Lammfleisch gegessen wird. Die Minze waschen, trocken schütteln. Minzblättchen abzupfen, diese fein hacken, mit Essig, Zitronensaft, Zucker und Salz vermengen und abschmecken. Die Soße ungefähr 1 Stunde lang durchziehen lassen.

RHABARBERMARMELADE

Zutaten

500 g Rhabarber
Mark ½ Vanilleschote
250 g Gelierzucker (2 : 1)

Es gab mal eine Kochkolumne in einem Magazin, die hieß »Nur drei« oder so ähnlich. Das waren sehr schöne Rezepte, für die man allerdings immer mindestens zehn Zutaten brauchte. Es ging eben um die Idee, dass man wenige Zutaten braucht, weshalb sieben Zutaten einfach nicht mitgezählt wurden. So ist es oft beim Thema Essen: Der schöne Gedanke ist stärker als die Wirklichkeit. Ein Tee heißt natürlich nicht Kirscharomatee, sondern Kirschtee. Ich verstehe allerdings nicht ganz, warum Essen überhaupt romantisiert werden muss: Macht doch auch so Spaß. Die Lebensmittelproduzenten haben mit falscher Romantik jedenfalls viel Vertrauen verspielt. Während das Essen heute so sicher ist wie nie zuvor, traut niemand mehr den Herstellern über den Weg.

Für diese Rhabarbermarmelade braucht man wirklich nur drei Zutaten. Andererseits: Was sollte man in Marmelade auch sonst noch hineinmischen? Wenn man seine Marmelade zu Hause am Herd selbst herstellt, kann man im Gegensatz zu den industriellen Produzenten ja sehr gut auf Kaliumsorbat und gehärtetes Palmöl verzichten. Ein paar Erdbeeren könnte man hinzufügen oder auch Himbeeren. Vor allem wenn man nur sehr sauren Rhabarber findet, ist das eine gute Idee.

Zunächst den Rhabarber putzen, in 1 cm große Stücke schneiden und in einen Topf geben. Vanillemark und Gelierzucker hinzufügen. Einige Stunden ziehen lassen (oder nach Packungsangaben des Gelierzuckers zubereiten). Die Rhabarber-Zucker-Mischung aufkochen, 5 Minuten kochen lassen, mit dem Stabmixer pürieren und dann heiß in saubere Schraubgläser abfüllen. Gläser auf den Kopf stellen, sodass ein Vakuum entsteht. Das ist sicher nicht die ganz korrekte Art, Marmelade abzufüllen, denn nichts daran ist steril, aber bei mir funktioniert es und bei Ihnen, liebe Leser, sehr wahrscheinlich auch.

KÄSEGEBÄCK (GOUGÈRES)

Zutaten für ein Blech

250 ml Wasser
100 g Butter
Salz
150 g Mehl
4 große Eier
180 g Käse (Emmentaler, Appenzeller, Bergkäse o. Ä.)
Pfeffer

Dieses Rezept für Käsegebäck habe ich im Burgund kennengelernt. Die Dinger werden verspeist, wenn die Sonne langsam untergeht und man mit dem Alkoholtrinken anfangen kann. Die Windbeutelchen sind robuster, als man glaubt. Bei ihrer Herstellung kann man nicht viel falsch machen.

Man heizt den Ofen auf 200 °C Umluft vor. Dann stellt man einen Brandteig her: Man gibt Wasser und Butter in einen Topf, salzt etwas und bringt die Flüssigkeit zum Kochen. Wenn das Wasser sprudelt, Mehl dazuschütten, sofort kräftig umrühren, bis ein glatter Teig entsteht. Das dauert nur wenige Minuten. Den Topf vom Herd nehmen. Eier einzeln aufschlagen und in den Teig rühren. Den Käse reiben oder in etwa ½ cm große Würfel schneiden und unter den Teig heben. Diesen pfeffern.

Mit zwei Teelöffeln (oder mithilfe eines Spritzbeutels) aus dem Teig Knödel in der Größe einer Walnuss formen und auf ein mit Backpapier ausgelegtes Blech setzen. Dabei genügend Abstand zwischen den einzelnen Windbeuteln lassen, denn sie gehen auf und verdoppeln ihr Volumen. Windbeutel 25 bis 30 Minuten lang im Ofen backen, dabei aufpassen, dass sie nicht zu braun werden. Danach noch ungefähr 5 Minuten lang bei geöffneter Tür im ausgeschalteten Backofen lassen. Die Gougères serviert man am besten, wenn sie noch ein bisschen warm sind. Hat man sich dafür entschieden, den Käse in Würfel zu schneiden, statt zu reiben, wird man beim Essen auf das stoßen, was ich hier behelfsweise Käseinseln nennen möchte – ein kleines Geschenk Gottes an die Menschen.

PASTA MIT SPARGEL UND FRISCHEN ERBSEN

Zutaten für 2 bis 3 Personen

500 g grüner Spargel
50 g Butter
Salz
Pfeffer
250 g frische Erbsen
(ohne Schoten gewogen)
70 g Pecorino (oder ein fester Ziegenkäse)
1 Zweig frische Minze
ca. 300 g Spaghetti

Eine Zeitlang habe ich versucht, mir das Pastaessen abzugewöhnen, um stattdessen mehr Hirse und Buchweizen zu essen. Man kann nichts dagegen sagen, glutenfreies Getreide kann wirklich sehr gut schmecken. Aber, ach, was soll's? Hier ist ein tolles Pastarezept:

Die Enden der grünen Spargelstangen entfernen, den Spargel waschen und in ungefähr 1 cm dicke Scheiben schneiden. Die Köpfe lässt man ganz. Butter in einer beschichteten Pfanne zerlassen und darin den Spargel schwenken. Etwas Salz und Pfeffer hinzufügen. Man sollte in der Zwischenzeit die Pasta aufgesetzt haben. Denn eine Kelle des gesalzenen, stärkehaltigen Nudelkochwassers (ca. 50 ml) braucht man jetzt zum Ablöschen des Spargels. Die Flüssigkeit bei mittlerer Hitze einkochen lassen, was ungefähr 5 Minuten lang dauert. Der Spargel sollte weich, aber auf keinen Fall zerkocht sein. Inzwischen die Erbsen aus den Schoten holen und zum Spargel geben. Ungefähr 3 Minuten lang mitgaren. Man kann auch tiefgekühlte Erbsen nehmen, aber die schmecken ganz anders, weicher und immer ein bisschen wässrig. Pecorino reiben und zum Gemüse in die Pfanne geben. So lange rühren, bis der Käse sich auflöst. Die Minze waschen und trocken schütteln. Die Minzeblättchen abzupfen, fein hacken und unter den Spargel heben. Die Spaghetti in die Pfanne geben, damit sie die Soße aufnehmen. Sofort servieren, vielleicht noch etwas Pecorino dazu anbieten.

FRITTATA MIT SPARGEL

ZUTATEN für 4 Personen

200 g grüner Spargel
etwas Butter
etwas Olivenöl
8 Eier
50 g Parmesan
100 ml Milch
Salz
Pfeffer
2 Handvoll frische Kräuter
(z. B. Koriander, Petersilie oder Dill)

Okay, eine Frittata ist einfach ein Omelette. Aber ich habe mir sagen lassen, dass es überhaupt nicht in Ordnung ist, auf einer Rezeptseite (oder in einem Kochbuch) ein Rezept für Omelette vorzustellen, weil schließlich jeder wisse, wie man ein Omelette macht. Deshalb nenne ich das Ding bei seinem italienischen Namen – Frittata. Und denkt man bei diesem Wort nicht gleich an diese Eier-Gemüse-Fladen, die man in italienischen Bäckereien bekommt und von denen man nie wusste, wie sie eigentlich heißen? Nun, sie heißen Frittata. Im Prinzip geht es bei der Frittata, wie so oft in der Küche, um eine Möglichkeit, bereits Gekochtes weiterzuverwerten. Ich habe leider einen so großen Appetit, dass selten etwas übrig bleibt, selbst wenn ich sehr viel gekocht habe. Mein Appetit wächst vielleicht mit der Portion, die er auf dem Teller vorfindet. Deshalb mache ich eine Frittata aus frischem Spargel.

Die Enden der grünen Spargelstangen entfernen. Den Spargel waschen und in 5 cm lange Stücke schneiden. Butter und Olivenöl in einer beschichteten Pfanne mit einem Durchmesser von 20 bis 25 cm erhitzen. Den Spargel im heißen Fett braten, bis er gar ist, aber noch Biss hat. Die Eier verrühren. Den Parmesan hineinreiben. Dann Milch unterrühren, salzen und pfeffern. Diese Mixtur über den gebratenen Spargel in die Pfanne geben. Die Eier ungefähr 10 bis 15 Minuten lang bei mittlerer Hitze stocken lassen. Wenn die Ränder fest werden und die Oberfläche noch flüssig ist, kann man die Hitze herunterstellen und einen Deckel auf die Pfanne legen, bis die Frittata durchgegart ist. Inzwischen die Kräuter waschen, trocken schütteln und die Blättchen fein hacken. Am besten stürzt man die Frittata vor dem Servieren auf eine Platte. Zum Schluss mit den gehackten Kräutern bestreuen. So eine Frittata kann man mit Erbsen, Spinat, Bärlauch, gekochten Kartoffeln, Pilzen, Ziegenkäse oder Garnelen zubereiten oder eben mit dem, was man sonst noch im Kühlschrank findet.

PASTA MIT SPARGEL UND SHIITAKE-PILZEN

Zutaten für 2 bis 3 Personen

3 Frühlingszwiebeln
500 g weißer Spargel
200 g Shiitake-Pilze
1 Stängel Oregano
etwas Butter
etwas Olivenöl
Salz
schwarzer Pfeffer
evtl. etwas Wasser oder Weißwein
250 g Pasta
60 g Parmesan (frisch gerieben)
2 Eigelb

Man könnte diese Pasta eine vegetarische Carbonara nennen, aber das klingt, als wäre Fleisch das Normale und alles, was kein Fleisch ist, wäre das andere. Etwa so, wie man lange geglaubt hat, dass eine Frau vor allem ein Nicht-Mann ist. Dabei gehören zu jeder Küche dieser Welt vegetarische, auch vegane Gerichte. Nur ist das Wissen darum in den vergangenen Jahrzehnten industrieller Fleischproduktion untergegangen, weshalb man heute meint, es sei unsere »Tradition«, ohne Sinn und Verstand Fleisch in uns hineinzustopfen. Diese Pasta ist also keine vegetarische Carbonara, obwohl sie sich wie die Carbonara die genialen Eigenschaften des rohen Eidotters zunutze macht. Er wird zum Schluss dazugemischt und lässt das Ganze zu einer cremigen, üppigen Angelegenheit werden.

Frühlingszwiebeln putzen, waschen und in Ringe schneiden. Spargel schälen, die holzigen Enden abschneiden, jede Stange in 4 cm lange Stücke schneiden. Pilze putzen und vierteln. Oregano waschen, trocken schütteln, die Blättchen abzupfen und diese fein hacken. Butter und Olivenöl in einer großen Pfanne erhitzen. Frühlingszwiebeln dazugeben, salzen und ungefähr 5 Minuten lang unter regelmäßigem Rühren dünsten – sie sollen sich dabei nicht braun färben. Spargel in die Pfanne geben. Nach 5 Minuten die Shiitake-Pilze und den Oregano sowie Pfeffer hinzufügen. Bei mittlerer Hitze alles 15 Minuten lang dünsten. Man muss keine Flüssigkeit hinzufügen, da Spargel und Pilze genügend Feuchtigkeit abgeben. Sollte das Gemüse doch drohen am Boden anzusetzen, kann man einen Schluck Weißwein oder Wasser dazugießen und einkochen lassen. Die Pasta aufsetzen und diese 3 Minuten vor Ende der Garzeit aus dem Wasser zu der Spargel-Pilz-Mischung geben. Eine oder zwei Kellen Kochwasser in die Pfanne gießen, Parmesan unterrühren, Flüssigkeit einkochen lassen. Pfanne vom Herd nehmen und die verquirlten Eidotter unterrühren. Sofort servieren.

KURZ GEBRATENES SCHWEINEFLEISCHCURRY

Zutaten für 4 Personen

Für die Paste
50 g getrocknete rote Chilischoten
100 g frische rote Chilischoten
5 bis 7 Stängel Zitronengras
1 EL schwarze Pfefferkörner
1 Stück Ingwer (4 cm groß)
1 Knoblauchknolle
2 Schalotten
1 Limette
3 EL gemahlene Kurkuma
1–2 TL Salz
1 EL Garnelenpaste

Weitere Zutaten
3 EL Pflanzenöl
1 kg Schweinelende

Wer dieses Curry verspeist hat, wird sehr wahrscheinlich knallrot im Gesicht sein, denn durchscheinende mitteleuropäische Knitterhaut ist nicht gemacht für so viel Chili. Doch wer Chili mag, ist süchtig danach, und jede Sucht wird vom Wunsch nach Selbstzerstörung begleitet. Ich kenne jemanden, der trägt Chiliflocken in einem Döschen am Schlüsselbund bei sich, so wie andere Leute früher angeblich ihr Koks im Amulett versteckten. Er fühle sich leer, sagt er, wenn sein Essen ihm keine Schmerzen bereite. Das Rezept stammt aus dem Kochbuch *Thailand*, das im Phaidon Verlag erschienen ist und ebenso einfache wie komplizierte Rezepte enthält.

Zunächst bereitet man eine Paste als Grundlage für das Curry zu. Dafür getrocknete Chilis 15 Minuten lang einweichen, abseihen und fein hacken. Inzwischen frische Chilis putzen, waschen und nach Belieben mit oder ohne Kerne hacken. Zitronengras von äußeren Hüllblättern befreien und das Innere hacken. Ingwer schälen und grob hacken. Knoblauchzehen und Schalotten schälen und hacken. Limette heiß waschen und die Schale fein abreiben. Eingeweichte und frische Chilis, Pfeffer, Zitronengras, Ingwer, Kurkuma, Knoblauch, Schalotten, Limettenschale, Salz im Mörser nach und nach zu einer Paste zerstoßen. Ich nehme dafür den Pürierstab, denn mir guckt beim Kochen ja keine strenge thailändische Großmutter über die Schulter. Zum Schluss die Garnelenpaste dazugeben (die bekommt man im Asiamarkt).

Ich habe mir auch erlaubt, die folgenden Kochschritte ein bisschen zu vereinfachen. Öl in einem Topf mit schwerem Boden heiß werden lassen. Chilipaste darin 1 bis 2 Minuten lang anbraten. Wenn man doch Angst vor der Schärfe bekommen sollte, nimmt man einfach etwas weniger Paste und hebt den Rest für den nächsten Tag auf. Das Fleisch trocken tupfen und in dünne Scheiben schneiden. Zur Paste in die Pfanne geben, unter Rühren 10 Minuten lang braten. Man kann auch Rindfleisch verwenden, dann reduziert sich die Garzeit auf 5 Minuten, denn man brät das Fleisch nicht ganz durch. Dazu Reis servieren oder einen mit Sojasoße, frischem Ingwer und weißem Sesam angemachten Gurkensalat.

GESCHMORTE SCHWEINESCHULTER

Zutaten für 6 bis 8 Personen

2 Zwiebeln
2 Knoblauchzehen
4 EL Honig
4 EL Sojasoße
2 EL frische Thymianblättchen
½ TL Salz
schwarzer Pfeffer
1 bis 2 TL Kümmel
2 EL Apfelessig
6 EL Pflanzenöl
2,5 kg Schweineschulter (ohne Schwarte und Knochen)
500 ml Gemüse- oder Geflügelbrühe
2 Sternanis

Auf einer Berliner Abendveranstaltung drückte mir die Köchin Felicitas Then einen Burger in die Hand, der so gut war, dass er ein Lächeln auf mein übellauniges Gesicht zauberte. Übellaunig schaute ich, weil ich mir, was Foodtrends und also Burger betrifft, seit Neustem einen Siebeckhaften Ennui gönne. Felicitas Then hat mal eine Staffel der Kochshow The Taste gewonnen, die ich, Klein-Siebeck, natürlich noch nie gesehen hatte. Wir kamen ins Gespräch, das schnell zur Frage führte, wie man eine Schweineschulter schmort. Am nächsten Tag schickte sie mir ein Rezept. Ich habe es ausprobiert – köstlich! Das Fleisch zerfällt fast, es schmeckt süß und würzig. Man kann dazu eine Soße aus frischen Kräutern essen oder auch einen grünen Salat. Oder – das Beste überhaupt – mit dem Fleisch ein Sandwich belegen.

Zwiebeln und Knoblauch schälen, fein würfeln und mit Honig, Sojasoße, Thymian, Salz, Pfeffer, Kümmel, Essig und 4 EL Öl zu einer Marinade vermischen. (Den Kümmel kann man vorher im Mörser zerstoßen.) Fleisch mit der Mischung einreiben, in eine feuerfeste Form legen, abdecken und einige Stunden – am besten über Nacht – im Kühlschrank marinieren lassen. Backofen auf 130 °C Ober-/Unterhitze heizen. Gewürze vom Fleisch abtupfen und in die Form zurückgeben. 2 EL Öl in einer Pfanne erhitzen, Fleisch rundherum anbraten. Herausnehmen, zurück in die Form setzen. Bratensaft in der Pfanne mit Brühe ablöschen, zusammen mit Sternanis in die Form geben. Fleisch mit Alufolie abdecken und 5 bis 6 Stunden lang im Ofen garen. Das Fleisch sollte am Ende nahezu zerfallen. Folie entfernen, Fleisch mit dem Sud begießen und leicht salzen. Backofenhitze auf 250 °C erhöhen, Braten 15 bis 20 Minuten bräunen (immer wieder überprüfen, dass er nicht verbrennt). Den Grill für die letzten fünf Minuten anschalten. Die entstandene Soße mit Salz und Pfeffer abschmecken. Oder die Soße in einen Topf abgießen, 1 gehäuften TL Speisestärke mit Wasser glatt rühren und die Soße damit auf dem Herd andicken.

KLASSISCHE FLEISCHBÄLLCHEN

Zutaten für ca. 12 Fleischbällchen

1 Brötchen
Wasser
1 Zwiebel
1 EL gehackte Petersilie
500 g Hackfleisch
1 Ei
Muskat
Salz
Pfeffer
4 EL Semmelbrösel
etwas Olivenöl
ein kleines Stück Butter

Überall auf der Welt sind die Menschen früher oder später auf die Idee gekommen, Hackbällchen zu essen. In Japan heißen Hackbällchen tsukune, im Nahen Osten kufta, in Südafrika bobotie. Überall werden sie innig geliebt. Die Gemeinsamkeiten der Kulturen sind vielleicht größer als die Unterschiede, das ist die Friedensbotschaft des Hackbällchens. Im Kochbuch, das ich von meiner Großmutter geerbt habe – es stammt von 1912, denn sie hat es von ihrer Mutter geerbt –, heißen Hackbällchen Fleischküchlein. Das über 100 Jahre alte Rezept geht so: Rinde des Brötchens abreiben, das Innere in Stücke reißen, beides mit Wasser knapp bedecken, kurz einweichen lassen. Zwiebel schälen und fein hacken. Zwiebel und Petersilie in einer Pfanne mit der Brötchenmasse sanft erhitzen, sodass die Flüssigkeit verdampft. Mit Hackfleisch, Ei, Muskat, Salz und Pfeffer verkneten. Flache Küchlein formen, in Semmelbröseln wälzen. Öl und Butter in einer Pfanne erhitzen, die Küchlein darin auf jeder Seite 3 bis 4 Minuten braten.

FLEISCHBÄLLCHEN MIT ZITRONE UND ANCHOVIS

Zutaten für 2 Personen

1 Bio-Zitrone
30 g Parmesan
1 Handvoll Petersilie
3 Thymianzweige
6 Anchovis
250 g Schweinehackfleisch
30 g Semmelbrösel
Salz
Pfeffer
Olivenöl
1 Stück Butter

Ich höre, es geht die Sorge um, dass in Deutschland aus Rücksicht auf bestimmte Minderheiten zu wenig Schweinefleisch gegessen werde. Nun bin ich zwar Teil der elitären Journalistenblase, in der die Sorgen der echten Menschen leider immer übersehen werden, aber in diesem Punkt, dachte ich mir, kann ich doch aushelfen.

Ich verstehe zwar nicht ganz, warum Schweine in Deutschland unter so erbärmlichen Bedingungen leben müssen, wo wir ihnen doch unsere Leitkultur verdanken, aber ich gebe zu: Beim offensiven Patriotismus bin ich Anfängerin. Bisher dachte ich immer, man könne Deutschland auch still lieben, wie in einer guten Ehe, in der nicht die lauten Erklärungen zählen, sondern die kleinen Gesten der Aufmerksamkeit.

Hier also ein Rezept für Fleischbällchen aus Schweinehack. Es stammt vom britischen Koch Nigel Slater, der einen Sinn für kalorienreiches und also tröstliches Essen hat. Die Fleischbällchen enthalten auch ein paar Zutaten mit Migrationshintergrund, aber Parmesan, Anchovis und Zitronen leben in Deutschland, wenn ich richtig informiert bin, nicht in gefährlichen Parallelgesellschaften, sondern haben sich bestens integriert.

Zitrone heiß waschen, Schale abreiben, Saft auspressen. Den Parmesan reiben. Kräuter waschen, trocken schütteln, die Blättchen abzupfen und die Petersilienblättchen fein hacken. Anchovis ebenfalls hacken. Hackfleisch, Semmelbrösel, Zitronensaft und -schale, Parmesan, Petersilie, Thymianblättchen und Anchovis vermengen. Zurückhaltend salzen (Anchovis und Parmesan enthalten viel Salz), schwarzen Pfeffer dazugeben. Ungefähr acht kleine Fleischbällchen formen. Reichlich Olivenöl in einer Pfanne erhitzen, 1 Stück Butter darin schmelzen lassen. Die Fleischbällchen darin von beiden Seiten kross anbraten. Hitze herunterschalten und das Fleisch durchgaren. Am besten nicht zu oft wenden. Aus der Pfanne nehmen, einen Großteil des Fetts mit einem Küchentuch aus der Pfanne entfernen. Etwas Wasser oder Brühe in die Pfanne geben, aufkochen, den Bratensatz mit einem Pfannenheber lösen, alles ein paar Minuten lang einkochen und dann über die Fleischbällchen gießen. Am besten passt ein Salat dazu.

GEBACKENE FRÜHLINGSZWIEBELN

Zutaten für 2 Personen

4 Bund Frühlingszwiebeln
Olivenöl
Salz

Ich werde oft gefragt, ob ich wirklich so viel koche, wie diese Kolumne vermuten lässt, und ob das nicht irre anstrengend sei. Tatsächlich fürchte ich manchmal, ich könnte eine Art Kochblockade entwickeln: Ich stehe in der Küche und mir fällt einfach nichts mehr ein. Doch ich bin wie Ernest Hemingway, mutig im Angesicht des Zweifels: »Ich stand auf und schaute über die Dächer von Paris und dachte: ›Keine Sorge. Du hast immer geschrieben und wirst auch jetzt schreiben.‹« Ich habe immer gekocht und werde auch jetzt kochen. Eine Methode ist mir eingefallen, um Einfälle zu generieren: Man teilt gewöhnlichen Zutaten die Hauptrolle zu. Alltägliches, das einen umgibt, sieht man sich mal genauer an und wertet es auf. In diesem Rezept also haben Frühlingszwiebeln ihren großen Auftritt. Sie kommen bei mir sonst nur klein geschnitten in die Omelette oder auf den Salat oder bleiben so lange im Kühlschrank, bis sie ganz klein und schrumpelig sind. Mit dieser ungewöhnlichen Hauptzutat verfahre ich wie mit praktisch allen anderen Gemüsesorten: Die Zwiebeln kommen in den Ofen, um dort zu braten, bis sie schließlich süß schmecken und so zu einer köstlichen Beilage für ein Rindersteak werden.

Die Frühlingszwiebeln, deren Weiß möglichst gleich dick sein sollte, waschen, putzen. Ein paar cm von dem Grün stehen lassen. Wenn die Zwiebeln größer und rund sind, kann man sie halbieren. Auf einem mit Backpapier ausgelegten Blech verteilen, Olivenöl darübergeben und salzen. Ungefähr 25 Minuten lang bei 190 °C im Ofen backen.

PFANNKUCHEN MIT FRÜHLINGSZWIEBELN

Zutaten für 2 Personen

4 Bund Frühlingszwiebeln (ca. 500 g)
Salz
1 Ei
1 EL Sojasoße
60 g Mehl
Pfeffer (oder Chili)
Sonnenblumenöl

Bei dem einzigen Kochkurs, den ich jemals besucht habe, musste ich praktisch die ganze Zeit über Gemüse schneiden. Ab und an trat die strenge Seminarleiterin an meine Seite und teilte mir mit, sie sei nicht zufrieden. Das war nicht in einem Sternerestaurant, sondern in irgendeinem kruschteligen Kochladen in Berlin-Prenzlauer Berg. Es wurde wohl aus Gründen der Folklore der in Spitzenküchen herrschende militärische Ton nachgeahmt. Ich bin ja eher für das antiautoritäre Kochen, weshalb ich ohne Scheu diese kleinen Pfannkuchen hier brate – sie sind eigentlich chinesisch, und ich mache sicher alles falsch, und wohlmeinende Leser dürfen mir gern das Original-Originalrezept schicken. Macht nichts, schmeckt trotzdem, was an der so einfachen wie großartigen Kombination von Frühlingszwiebeln, Eiern und Sojasoße liegt.

Die Frühlingszwiebeln putzen, das heißt das Dunkelgrün entfernen und entsorgen. Eventuell welke äußere Schichten von den weißen und hellgrünen Teilen entfernen. Weiß und Hellgrün waschen. Etwa ein Viertel der Frühlingszwiebeln in ungefähr 3 cm große Stücke schneiden, den Rest fein hacken. In einem Topf leicht gesalzenes Wasser zum Kochen bringen. Darin die 3 cm langen Stücke gar kochen, das dauert ungefähr 5 Minuten. Abgießen und etwa 50 ml von der Kochflüssigkeit aufbewahren. Die Flüssigkeit mit den gekochten Frühlingszwiebeln mithilfe eines Pürierstabs glatt pürieren. Das Püree mit Ei, Sojasoße und Mehl verrühren. Etwas Pfeffer (oder Chili) dazugeben, ebenso die fein gehackten Frühlingszwiebeln. In einer beschichteten Pfanne Sonnenblumenöl erhitzen, nicht zu wenig, der Boden sollte ganz bedeckt sein. Jeweils etwas mehr als einen Esslöffel von dem Teig in die Pfanne geben, in Pfannkuchenform drücken (ca. ½ bis 1 cm hoch). Von beiden Seiten knusprig braten. Hitze herunterschalten und durchgaren.

MANGOLD MIT CHILI UND ZITRONE

Zutaten für 2 Personen

40 g Rosinen
Wasser
2 Knoblauchzehen
1 großer Bund junger Mangold
1 kleine rote Chilischote
2 EL Olivenöl
50 g Mandelstifte
Salz
abgeriebene Schale von 1 Bio-Zitrone
2 EL Zitronensaft

Neulich habe ich Bio-Freiland-Mangold gekauft, denn wie alle Deutschen glaube ich an die Segnungen frischer Luft. In dem Mangold waren Hunderte Läuse. So viele waren es, dass sie mich nachts im Traum verfolgten. Bio ist super und das einzig Richtige, klar, aber Bio ist auch eine Sekte: Man muss schon sehr an den höheren Sinn des Öko-Landbaus glauben. Denn rational lässt sich nicht erklären, warum ein vernünftiger Verbraucher einen schlaffen Mangold für einen absurden Preis kauft, um dann eine Stunde damit zu verbringen, ihn zu wässern und waschen.
Mir fällt dazu ein, dass ein Pariser Modehaus große Erfolge feiert, weil es ein so gutes Marketing und irgendwie auch das Glück hat, den Nerv der Zeit zu treffen: Sie können jedenfalls gerade alles für jeden Preis verkaufen, sagen wir unbequeme Holzclogs für 700 Euro. Wie nachhaltig diese Strategie ist, wird sich zeigen. Denn irgendwann werden die Leute wahrscheinlich zur Vernunft kommen. Es wurde trotzdem ein köstliches Essen aus dem verlausten Mangold (man kann die Läuse mitessen, sie sind ja nicht giftig und so klein, dass sie niemandem auffallen).
Dieses Gericht ist eine Beilage zu gebratenem Fisch oder zum Steak, oder man isst es einfach so. Zuerst Rosinen in Wasser einweichen. Knoblauch schälen und fein schneiden. Mangold waschen, putzen und Blätter und Stiele in schmale Streifen schneiden. Chili längs halbieren, entkernen, waschen und klein schneiden. Öl in der Pfanne erhitzen, Mandeln dazu, 2 Minuten lang unter Rühren rösten, bis sie ein bisschen Farbe annehmen. Knoblauch dazu, weiterbraten, dabei rühren (nicht braun werden lassen). Mangold dazu, nach 2 Minuten Hitze runterschalten, Chili, Salz, abgetropfte Rosinen dazu, weitere 5 Minuten lang dünsten. Zitronenschale und Zitronensaft hinzufügen. Kurz einkochen lassen. Mit Salz und Zitronensaft abschmecken, falls notwendig.

GEDÜNSTETE RADIESCHEN

Zutaten für 2 Personen

2 Bund Radieschen
Olivenöl
Wasser
Salz
1 Handvoll frische Kräuter (Schnittlauch, Minze, Kerbel, Estragon und/oder andere Kräuter)
100 g Ziegenfrischkäse

Man könnte beim Anblick der dürren Zutatenliste denken, das sei wieder so eines dieser Anfängerrezepte, wie ich sie mir zu Hause in meiner kleinen Küche ausdenke. Stimmt aber nicht: Das Rezept für gedünstete Radieschen kommt von Michael Hoffmann. Er war der Inhaber und Küchenchef des Margaux in Berlin, wo er einen Michelin-Stern hatte und zwei Jahre lang Anwärter auf einen zweiten war. Irgendwann hat er das Margaux zugemacht. Die Entscheidung sei aus verschiedenen Gründen gefallen, sagt Hoffmann: Der Mietvertrag lief aus und sollte um zehn Jahre verlängert werden. Der Aufwand, der in der Spitzengastronomie betrieben wird, ist zermürbend, vor allem wenn man wie Hoffmann viel mit Gemüse kocht. Es gab ein Gericht mit einer eingelegten Aubergine, dafür musste jemand über zwei bis drei Wochen hinweg täglich das Gemüse auf eine bestimmte Temperatur bringen, bis es so weit war, dass daraus ein einziger Bissen in einem achtgängigen Menü werden konnte.

Inzwischen kocht Hoffmann in der Kreuzberger Markthalle 9 in der Kantine. Es gibt Pellkartoffeln und Hühnerfrikassee. Natürlich perfekt zubereitet, wobei Hoffmann die Mitarbeiter, die er aus dem Margaux mitgenommen hat, manchmal dazu anhalten muss, nicht zu perfekt zu sein. Sie sollen lieber ihre neue Freiheit genießen, die darin besteht, dass eine Gurke auch etwas krumm geschnitten sein darf. Kaum einer, der in der Kantine isst, kennt wahrscheinlich Hoffmanns Geschichte. Ist auch nicht wichtig. Man kann sich einfach daran freuen, dass jemand mit so viel Sorgfalt Kräuterquark zubereitet.

Folgendes macht Hoffmann also mit Radieschen: die Radieschen putzen, waschen und halbieren, in Öl in einer Pfanne anschwitzen, etwas Wasser dazugießen, Deckel drauf, das Ganze einköcheln lassen. Inzwischen die Kräuter waschen, trocken schütteln, bei Bedarf Blättchen abzupfen und alle Kräuter hacken. Radieschen mit Salz abschmecken, auf zwei Tellern anrichten, Kräuter dazugeben. Obendrauf etwas Ziegenkäse.

ROASTBEEF MIT REMOULADENSOSSE

Zutaten für 2 bis 3 Personen

Für das Roastbeef
600 g Roastbeef
2 TL scharfer Senf
je ein paar Zweige Rosmarin, Thymian, Petersilie und/oder Oregano

Für die Remouladensoße
2 Cornichons
2 Anchovis
1 EL Kapern
etwas Schnittlauch und/oder Estragon
1 Eigelb
Salz
Pfeffer
1 TL Weinessig
150–200 ml Sonnenblumenöl
etwas Zitronensaft

Remoulade war mal eine Soße der feinen Küche, habe ich beim Durchblättern eines alten Kochbuchs von Paul Bocuse festgestellt. Darin steht die *sauce rémoulade* gleichberechtigt zwischen den großen Soßen, die die französische Nation hervorgebracht hat. Seit Erscheinen des Buchs 1977 ist es der Remoulade aber nicht gut ergangen. Man findet sie heute fast nur noch auf dem Lachsersatz-Brötchen der Kette Nordsee. Machen wir es wie Paul Bocuse und rühren uns eine eigene Remoulade an. Dafür brauchen wir zunächst eine Mayonnaise. Mit dem Handmixer Eigelb mit Salz, Pfeffer und Essig kurz vermengen, bis eine Creme entsteht. Tropfenweise das Öl hinzugießen, weiterrühren. Nach und nach sämtliches Öl in die Masse gießen, die langsam fest wird. Dann Cornichons und Anchovis hacken, Kapern andrücken, Schnittlauch und/oder Estragon waschen, trocken schütteln und fein hacken. Cornichons, Kapern, Anchovis und Kräuter unter die Mayonnaise mengen, mit Zitrone abschmecken. Das Ergebnis ist eine dicke, fette, vollmundige Soße, die darum bettelt, sich an ein rosa gegartes Stück Roastbeef schmiegen zu dürfen.

Ein Roastbeef steckt man am besten in einen Bratschlauch, das ist die hitzebeständige Folie, die im Supermarkt bei der Alufolie liegt. Außerdem braucht man ein Fleischthermometer. Tut mir leid, aber der Firlefanz lohnt sich. Das Fleisch gut 1 Stunde vor dem Zubereiten aus dem Kühlschrank nehmen. Ofen auf 80 °C vorheizen. Fleisch mit Senf einreiben, Kräuter waschen, trocken schütteln, in den Bratschlauch legen und das Fleisch daraufsetzen. Bratschlauch wie auf der Packung angegeben zubinden. Fleischthermometer in das Fleisch stechen, sodass es etwa in der Mitte des Bratens sitzt und die Kerntemperatur angibt. Das Paket in den Ofen legen. Faustregel für die Garzeit: 1 Stunde pro Kilogramm Fleisch, kann aber stark variieren. Das Fleisch ist rosa gar, wenn das Thermometer ungefähr 58 °C anzeigt.

SAUER EINGELEGTE KOHLRABI

Zutaten für 2 Personen

50 g Zucker
1 EL Wasser
2 Zweige Thymian
50 ml Forum-Essig (ein intensiv schmeckender spanischer Essig, Ersatz: Weißweinessig)
50 ml Weißweinessig
400 ml Weißwein
2 EL Honig
2 Lorbeerblätter
2 Sternanis
4 Pimentkörner
5 Wacholderkörner
10 Pfefferkörner
1–2 Kohlrabi

Einmal habe ich bei Daniel Achilles, Küchenchef und einer der Inhaber des Reinstoff in Berlin, zwei Sterne, ein sechsgängiges Menü gegessen. Und klar, das war etwas anderes als die Hausmannskost, die man sonst in meiner Kolumne findet. Im Salat, der zu Beginn des Abends in einer vornehm winzigen Portion serviert wurde, verbarg sich dünn geschnittener, sauer eingelegter Kohlrabi. Es war nur ein Detail. Aber in der Küche hatte man die Kohlrabi behandelt wie wertvolles Material. Das Rezept ist einfach, es ist trotzdem zu befürchten, dass die Nachahmung der einzelnen Schritte nicht zu demselben Ergebnis führt. Sterneköche sind nämlich – ach was – deshalb Sterneköche, weil sie im Gegensatz zu anderen Menschen ein geheimnisvolles Talent zum Kochen haben. Was soll's, wir probieren es trotzdem.

Den Zucker karamellisieren, das heißt: Zucker und das Wasser in einem Topf unter Rühren zum Kochen bringen. Die Temperatur dann herunterschalten und die Flüssigkeit ohne Rühren einkochen lassen, bis sie dickflüssiger wird und eine braune Farbe annimmt. Mit den Essigen und Weißwein ablöschen. Noch einmal kurz zum Kochen bringen, Honig, Lorbeer, Sternanis, Piment, Wacholder und Pfeffer dazugeben und den Fond bei niedriger Temperatur ziehen lassen. Die Kohlrabi schälen und in dünne Scheiben schneiden. (Im Reinstoff werden aus den Scheiben Kreise ausgestochen.) Den Fond vom Herd nehmen und sofort die Kohlrabi hineingeben. Am besten bleiben sie dort eine ganze Weile, ein paar Stunden, einen Tag, drei Tage: je länger, desto besser. Dazu passt, außer Salat, auch saure Sahne, die angemacht wird mit Salz, Pfeffer, Olivenöl und Zitronensaft und in die man etwas gehackten frischen Dill gibt.

PASTA MIT BLUMENKOHL

Zutaten für 3 bis 4 Personen

300 g Pasta
Salz
1 kleine rote Chilischote
1 Handvoll glatte Petersilie
reichlich Olivenöl
4 Knoblauchzehen 2 EL Kapern
4 Sardellenfilets
10 schwarze Oliven ohne Stein
1 mittelgroßer Kopf Blumenkohl
40 g Parmesan

Es ist eine seltsame Eigenart der Deutschen, zu behaupten, Kohl sei etwas sehr Deutsches, um sich dann über das Gemüse zu beklagen. Als müsste kein anderes Volk auf der Welt mit diesem wundersamen Gewächs zurechtkommen. Die anderen haben die Herausforderung nur viel besser gemeistert. In der deutschen Küche wird der Kohl ganz seinem urwüchsigen Kohlaroma überlassen, und das ist nicht nur schön. Denn: Natur ist nicht nur schön. In der asiatischen Küche dagegen macht der Kohl sich erst zurecht, bevor er unter Leute geht: kein Kohlgericht ohne Chili, Ingwer, Knoblauch. Auch der italienische Kohl weiß sich zu kleiden: In dieser Pasta machen Oliven, Kapern, Sardellen, Chili, Knoblauch und Parmesan aus dem Blumenkohl ein wunderbares kleines Abendessen. Jetzt wird man als Deutscher einwenden: Jaja, mit so tollen Aromen kann jeder glänzen. Tja, das stimmt vielleicht, und italienische Anzüge lassen die meisten Männer attraktiver aussehen, als sie in Wirklichkeit sind.

Die Pasta in reichlich kochendem Salzwasser bissfest garen. Inzwischen Chili waschen, putzen und hacken. Petersilie waschen, trocken schütteln, die Blättchen abzupfen und diese hacken. So viel Olivenöl in eine große Pfanne geben, dass der Boden mindestens bedeckt ist. Erhitzen. Knoblauchzehen schälen, andrücken, ins heiße Öl geben. Kapern, Sardellen, Oliven und gehackte Chilischote dazugeben. Alles erhitzen. Gleichzeitig in reichlich Salzwasser den in kleine Röschen zerteilten Blumenkohl kochen (die Röschen sollten eher zu klein als zu groß sein). Wenn er bissfest, aber gar ist, aus dem Topf nehmen, in die Pfanne geben. Gehackte Petersilie unterrühren.
Die Nudeln abgießen, wenn sie gar sind, und zusammen mit 1 Suppenkelle Kochwasser in die Pfanne geben. Parmesan darüberreiben und alles unter Rühren noch einmal kurz aufkochen. Zum Schluss mit Salz abschmecken.

BLUMENKOHLSUPPE

Zutaten für 2 Personen

¼ Chilischote
1 Zwiebel
1 Knoblauchzehe
Pflanzenöl (Oliven-, Raps- oder Kokosöl)
Salz
1 großzügige Prise Kreuzkümmel
5 Pimentkörner
1 Lorbeerblatt
1 Blumenkohl
50 g Cashewkerne
700 ml Wasser
Saft von ½ Zitrone
1 Prise Zucker

Als Kochkolumnistin mache ich mir Gedanken über Ihre Gesundheit, liebe Leser. Ich glaube, die Menschen ernähren sich heute auch deshalb so ungesund, weil es keine Hausfrau mehr gibt, die kenntnisreich, streng und liebevoll zugleich über die Nährstoffaufnahme ihrer Familie wacht. Diese Rolle will ich ersatzweise gern übernehmen und schlage vor, dass Sie diese Blumenkohlsuppe ausprobieren. Sie wird ohne Sahne und Butter zubereitet, dafür mit Cashewnüssen, wodurch das Ergebnis cremig und deftig ist, aber kaum gesättigte Fettsäuren enthält – das sind die, die man nur in überschaubaren Mengen zu sich nehmen soll, wenn man nicht unnötigerweise einen Herzinfarkt oder eine chronische Krankheit bekommen will.

Chili entkernen und hacken. Zwiebel und Knoblauch schälen, hacken, in einem Topf in Öl erhitzen. 1 gute Prise Salz, gehackte Chili und die Gewürze dazugeben. Ungefähr 15 Minuten lang bei niedriger Hitze unter Rühren anschwitzen. Die Zwiebel soll weich sein, so bildet sie die geschmackliche Grundlage für die Suppe. Inzwischen Blumenkohl in Röschen teilen, diese mit Cashews und Wasser mit in den Topf geben, das Ganze 30 Minuten lang bei geschlossenem Deckel bei mittlerer Hitze köcheln lassen. Pimentkörner und Lorbeerblatt entfernen. Den gekochten Blumenkohl zu einer cremigen Suppe fein pürieren. Falls sie zu dickflüssig sein sollte, etwas Wasser dazugeben. Zum Schluss mit Zitronensaft, Salz und Zucker abschmecken.

Fürs Protokoll: Ich weiß, dass früher nicht alles besser war und es vielen Hausfrauen schlecht ging. Ich habe den Kleinen Unterschied gelesen, außerdem den Ratgeber Schön sein, schön bleiben von 1955, der das ganze Elend abbildet. Eine wichtige Hausfrauenregel in dem Buch lautet: »Kritisieren Sie nicht Ihren Mann, auch wenn Sie es gerne möchten.« Dazu gibt es einen Tipp, falls man es aus Versehen doch mal getan hat: »So mancher Familienkrach kann vermieden werden, wenn eine Hausfrau es versteht, im richtigen Moment einen guten Tropfen charmant zu servieren.«

SOMMER

SÜSSE ZIEGENKÄSECREME MIT ERDBEEREN

Zutaten für 4 Personen

Für die Ziegenkäsecreme
140 g frischer, ganz junger Ziegenkäse (Zimmertemperatur)
50 g Zucker
120 ml Milch
2 (große) Eigelb
1 Prise Vanilleextrakt

Für die Rotwein-Erdbeeren
120 ml Rotwein
50 g Zucker
100 g Erdbeeren

Weil ich die chemischen Vorgänge beim Kochen nicht begreife, halte ich mich bei der Zubereitung eines Nachtischs genau an das Rezept, sonst gelingt er nämlich nicht. Das wiederum führt dazu, dass mich das Zubereiten von Desserts langweilt. Es ist so, als müsste ich ein Malbuch ausfüllen. Weil meistens irgendwas mit rohem Ei drin ist und ich die deutsche Salmonellenangst ganz und gar verinnerlicht habe, traue ich mich auch nicht, zwischendurch zu probieren, wodurch das Ganze für mich vollends den Sinn verloren hat. So ist die Zubereitung dieses Nachtisches auch etwas eintönig. Aber wie man sieht, sind die Zutaten nicht desserttypisch. Das ist das Besondere an diesem Rezept und man kann es zubereiten, wenn man Gäste hat, die man überraschen oder gar beeindrucken will. Erwähnen Sie ruhig meinen Namen. Allerdings habe ich das Rezept von einem in Paris lebenden amerikanischen Blogger namens David Lebovitz übernommen, der Nachtische sehr gern zubereitet.

Ofen auf 175 °C vorheizen. Vier ofenfeste Schälchen in eine Auflaufform (oder ein tiefes Backblech) setzen. Ziegenkäse, Zucker, Milch, Eigelb und Vanille mit dem Rührgerät zu einer dünnflüssigen, glatten Masse vermengen. Die Mischung in die Schälchen gießen, sodass sie ungefähr halb voll sind. Warmes Leitungswasser in die Auflaufform geben, das Wasser sollte ungefähr bis zur Hälfte der Schälchen reichen. Die Form (oder das Blech) mit Alufolie bedecken und alles für 15 bis 20 Minuten im Ofen garen. Vor dem Servieren abkühlen lassen. Um den Rotweinsud für die Erdbeeren zuzubereiten, in einer beschichteten Pfanne Wein und Zucker aufkochen. Köcheln lassen, bis die Flüssigkeit fester wird und um die Hälfte weniger Volumen hat. Abkühlen lassen. Erdbeeren waschen, putzen, vierteln und mit dem Sirup vermengen, einige Minuten ziehen lassen. Zu der Ziegenkäsecreme servieren.

KAROTTENSALAT MIT SESAM UND INGWER

Zutaten für 4 Personen

4 große Karotten
2 EL Olivenöl
2 EL gehackter Ingwer
60 ml Wasser
Salz
1 EL schwarze Sesamsamen
etwas Sesamöl
1 TL Sojasoße

So geht Gwyneth Paltrows Eliminationsdiät: keinen Kaffee, keinen Alkohol, keine Milchprodukte, keine Eier, keinen Zucker, keine Schalentiere, keine Tiefseefische, keine Kartoffeln, keine Tomaten, keine Paprikaschoten, keine Auberginen, keinen Mais, keinen Weizen, kein Fleisch und überhaupt keine verarbeiteten Lebensmittel. Übrig bleibt dieser Karottensalat mit Ingwer und Sesam. Er schmeckt überraschenderweise ganz gut. Das Rezept stammt aus Paltrows Kochbuch *Meine Rezepte für Gesundheit und gutes Aussehen*, es ist im AT Verlag gerade auf Deutsch erschienen. Paltrow rät, immer eine Avocado in der Handtasche dabeizuhaben, falls man unterwegs ist und nur weißmehlhaltiges, gezuckertes Essen zu finden ist. Gute Idee! Schade nur, dass neurotisches Essverhalten einen allein noch nicht zum reichen, schönen Hollywoodstar macht. Vielleicht gibt es zu unserem Karottensalat also doch ein hart gekochtes Ei. Oder Shrimps? Oder eine gegrillte Makrele?

Die Karotten werden auch nicht so säuberlich geschnitten wie auf dem Foto. Das ist praktisch unmöglich, wenn man nicht, wie mein Fotograf, eine Kochlehre abgeschlossen hat. Die Karottenstifte dürfen etwas gröber und unregelmäßiger aussehen. In einer Pfanne wird Olivenöl erhitzt. Ingwer darin unter Rühren einen Augenblick andünsten. Die Karottenstifte kommen dazu, ebenso das Wasser und 1 Prise Salz. Die Temperatur herunterschalten und das Ganze kochen lassen, bis die Karotten weich sind, aber noch Biss haben. Das Wasser sollte dann verdampft sein. Inzwischen den Sesam in einer Pfanne ohne Fett rösten. Zum Schluss Sesamöl, Sojasoße und Sesamsamen unterrühren.

KAROTTENPÜREE MIT KÜMMEL

Zutaten für eine Vorspeise für 2 Personen

750 g Karotten
Salz
2 TL Kümmel
Olivenöl
Chiliflocken
schwarzer Pfeffer
Saft von ½ Zitrone
Joghurt (3,5 oder 10 % Fettanteil)
1 Knoblauchzehe

Ein Widerspruch unserer Zeit: Es gibt ein Misstrauen gegenüber allem Muslimischen und eine diffuse Angst vor kultureller Unterwanderung, doch in der Küche kann es gar nicht muslimisch genug zugehen. Das Verhältnis des Westens zum Mittleren Osten hat einen neuen Tiefpunkt erreicht und trotzdem bringt der Markt hier ein Kochbuch nach dem anderen zur muslimischen Esskultur hervor. Ich sage, halal wird die neue Trenddiät. Sorry, liebe Südamerikaner, ihr könnt auch toll kochen, aber uns verbindet eben nicht diese heiße Mixtur aus Sehnsüchten, Eroberungsfantasie und Reue. Persepolis heißt das Kochbuch der großartigen britischen Autorin Sally Butcher, in dem ich dieses Rezept gefunden habe – nach der antiken Stadt in Persien, wo 1979 die Repolitisierung des Islams ihren Ausgang nahm und damit für uns der Schlamassel begann. Aber egal, uns interessiert das Karottenpüree. Es besticht dadurch, dass die Karotten vor dem Pürieren im Ofen geröstet werden, sodass das Ganze nicht schmeckt wie Babybrei, sondern, in Verbindung mit dem Kümmel, höchst aromatisch.

Zunächst den Ofen auf 190 °C vorheizen. Die Karotten putzen, schälen, je nach Größe zurechtschneiden: Es sollen nicht zu schmale Stifte entstehen, wie auf dem Foto zu sehen ist. Zum Beispiel kann man sie einmal quer teilen und dann die Hälften der Länge nach vierteln. Auf einem mit Backpapier ausgelegten Blech verteilen, salzen, Kümmel darüberstreuen, etwas Öl darübergießen. Ungefähr 30 Minuten lang backen, eventuell länger. Die Garzeit variiert je nach Größe der Karottenstücke. Sie sollten zum Schluss weich sein und dürfen an der einen oder anderen Stelle Farbe annehmen. Etwas abkühlen lassen und mit Chiliflocken, Pfeffer, Zitronensaft und ungefähr 3 EL Olivenöl pürieren. Joghurt mit etwas Salz anrühren, eventuell eine fein gehackte Knoblauchzehe unterrühren und das Püree mit Joghurt und Brot servieren – als Vorspeise zu einer Lammtajine z. B.

KAROTTENSUPPE MIT LEINSAAT UND HONIG

Zutaten für 2 bis 3 Personen

1 Zwiebel
1 kleines Stück Butter
800 g Karotten
1 l Wasser (oder Gemüsebrühe)
Salz
Pfeffer
1 Lorbeerblatt
4 Pimentkörner
2 TL Leinsaat
2 TL Honig
2 EL Crème fraîche

Die Momente der Lustlosigkeit, die jeder kennt, der gern kocht, werden in Rezeptkolumnen und Kochbüchern gern verschwiegen. Ich habe das Tabu einmal gebrochen und zugegeben, dass mich manchmal beim Anblick einer Zwiebel, die ich schneiden muss, ein Gefühl bleierner Müdigkeit überkommt. Vor meinem inneren Auge erscheint dann das Bild des Bergs an Zwiebeln, die ich in meinem Leben schon geschnitten habe, und gleich daneben ragt der Berg von Zwiebeln empor, die ich noch werde schneiden müssen. So viel Ehrlichkeit von einer Rezeptkolumnistin wirkt aber, wie ich feststellen musste, verstörend. Es gab einige bittere Kommentare. Offenbar sollte in aufreibenden Zeiten wie den unseren wenigstens die Kochtante wissen, wo es langgeht, und nicht auch noch mit verzagter Selbstreflexion anfangen. In Ordnung, Botschaft ist angekommen. Hier zur Wiedergutmachung ein leicht regressives Essen, das sich als Erwachsenengericht tarnt, süß, cremig, warm, ein Trost für die bange Seele.

Die Zwiebel schälen, grob hacken, in einem großen Topf in Butter unter Rühren 5 Minuten lang andünsten. Geschälte und in 3 cm große Stücke geschnittene Karotten in den Topf geben. Wasser dazugießen. (Man kann natürlich auch Gemüse oder Hühnerbrühe nehmen, ich verwende Wasser, weil die Suppe dann leichter und gemüsiger schmeckt.) Salzen, pfeffern, Lorbeerblatt und Pimentkörner dazugeben. Flüssigkeit zum Kochen bringen und dann alles ungefähr 20 Minuten lang bei mittlerer Hitze zugedeckt köcheln lassen. (Bis die Karotten weich sind.) Leinsaat dazugeben. Mit dem Pürierstab alles glatt pürieren. Falls die Suppe dann noch zu dick ist, etwas Wasser (oder Brühe) dazugießen. Noch mal mit Salz abschmecken. Schließlich den Honig dazugeben sowie die Crème fraîche.

MAKRELE MIT ROSINEN UND KAPERN

Zutaten für 2 Personen

50 g Sultaninen
4 Schalotten
Olivenöl
Salz
3 Anchovis (in Öl)
50 g Pinienkerne
1 Lorbeerblatt
1 Knoblauchzehe
100 g Kapern (in Lake)
2 bis 3 EL Essig (weißer Balsamico, Weißweinessig o. Ä.)
4 Makrelenfilets mit Haut
Pfeffer
1 Bio-Zitrone
Petersilie

Ich weiß, dass die allgemeine Italiensehnsucht in den Sommermonaten am größten ist. Was ist in unserem Leben eigentlich schiefgelaufen, dass wir hier auf dem Bürostuhl kleben, anstatt in einer italienischen Landschaft zu sitzen und uns an unserem Dasein zu erfreuen? Einiges, denke ich, einiges ist schiefgelaufen. Das Argument, ich verkläre Italien, lasse ich übrigens nicht gelten. Im italienischen Vormittagsfernsehen habe ich neulich dank Internet einen Beitrag entdeckt, in dem mir eine nette Signora erklärt hat, wie man eine Makrele mit Rosinen und Kapern zubereitet. Das sah so gut aus, dass ich es gleich nachgekocht habe, und es hat so köstlich geschmeckt, so süßsauerdeftig, dass ich das Rezept hier aufschreiben muss. Ich denke, ein Land, in dem man so wertvolle Ratschläge im Vormittagsfernsehen erhält, hat doch vieles richtig gemacht.

Sultaninen 15 Minuten in Wasser einweichen. Inzwischen Schalotten schälen und in feine Ringe schneiden. Öl in einer Pfanne heiß werden lassen, die Schalotten dazugeben, 2 bis 3 Minuten lang braten, dann 1 Prise Salz dazu, Hitze reduzieren, 5 bis 7 Minuten lang unter Rühren dünsten. Die Schalotten sollten nicht braun werden, sondern schmelzen. Anchovis grob hacken und dazugeben. Ebenso hinzufügen: Pinienkerne, Lorbeer, geschälte Knoblauchzehe (die Signora im Fernsehen drückte die Zehe zuvor mit der breiten Seite eines Messers an). Das Wasser aus den Sultaninen drücken, diese in die Pfanne geben. Kapern dazu. Mit Essig ablöschen. Bei niedriger Hitze ungefähr 5 Minuten lang einkochen. Währenddessen in einer anderen Pfanne die Makrelenfilets in Öl anbraten: zuerst auf der Hautseite, dann wenden. Salzen und pfeffern. Wenn sie gar sind, etwas Zitronensaft darüberträufeln. Zum Schluss abgeriebene Zitronenschale und fein gehackte Petersilie zur Soße geben.

SCHARF-WÜRZIGER LINSENSALAT

Zutaten für 2 Personen

130 g bissfeste Linsen (z. B. Beluga oder du Puy)
70 g Cashewnüsse
1 gute Handvoll frischer Koriander
½ kleine rote Chilischote
1 Stück Ingwer (1 cm groß)
1 TL gemahlene Kurkuma
1 EL Kokosöl
Salz
1 Salatgurke

Wer in der kalten Jahreszeit gerne wärmendes Linsencurry isst, der kann sich im heißen Sommer stattdessen einen erfrischenden Salat mit curryartigen Zutaten zubereiten. Das Dressing wird wie eine Würzpaste zubereitet. Auf die Idee bin ich in einem dieser veganen Restaurants in Berlin-Mitte gekommen, die wie eine Praxis für Schönheitschirurgie eingerichtet sind und wo man immer etwas lernt oder wo ich immer etwas lerne. Was ist eine Maca-Knolle? Wie isst man eine Cupuaçu-Frucht? Und kommt Kokosblütenstaub aus dem Feenreich im Inneren der Erde? Ich habe bei diesem Rezept das Feenhafte subtrahiert, weil ich meine geschätzten Leser inzwischen ganz gut kenne. Deshalb weiß ich, dass sie, ganz wie ich, nicht zu den ehrgeizigsten Köchen zählen, sondern wahrscheinlich, ganz wie ich, einfach sehr gern essen. Und wenn man gern isst, fängt man eben irgendwann an zu kochen, und wenn man sich ein bisschen Mühe gäbe, könnte man irgendwann besser werden, aber wenn nicht, ist es auch nicht so schlimm. Jedenfalls gibt es die hier benötigten Zutaten meiner Erfahrung nach im Supermarkt oder im Bio-Supermarkt.

Linsen ohne Salz gar kochen, das dauert je nach Sorte 20 bis 30 Minuten (die Garzeit wird auf der Packung angegeben). In der Zwischenzeit die Cashews in einer Pfanne ein paar Minuten rösten. Kurz abkühlen lassen, in eine hohe Rührschüssel geben. Koriander waschen, trocken schütteln und die Blättchen abzupfen – ein paar davon für die Garnitur beiseitelegen. Chili putzen und waschen (eventuell entfernt man die Kerne und damit etwas von der Schärfe). Ingwer schälen, grob hacken und zusammen mit Koriander, Chili und Kurkuma zu den Cashews geben Das Kokosöl, das im Gegensatz zu anderen Ölen fest ist, bei schwacher Hitze zerlassen (z. B. in der Pfanne, die noch vom Nüsserösten heiß ist) und zu den anderen Zutaten geben. Salzen und alle Zutaten in der Rührschüssel mit dem Pürierstab zu einer gleichmäßigen Paste mixen. Gurke waschen, putzen, in kleine Würfel schneiden, mit den Linsen mischen, die Paste dazugeben. Nachsalzen und 30 Minuten ziehen lassen. Vor dem Servieren mit Korianderblättchen garnieren.

ITALIENISCHER AUFLAUF MIT PFIFFERLINGEN

Zutaten für 4 Personen

500 g Kartoffeln
400 g Pfifferlinge
1 Handvoll Petersilienblätter
50 g Semmelbrösel
50 g Parmesan
Salz
Pfeffer
etwas Olivenöl

Man könnte eine ganze Kochkolumne ausschließlich mit italienischen Rezepten machen – es hätte niemand das Gefühl, es fehlte etwas. So sehen Italiener das, und ich glaube, es stimmt sogar. Zugegebenermaßen ist an diesem Gericht nur der Parmesan italienisch. Aber es stammt aus dem Kochbuch *Die echte italienische Küche*, das vor 26 Jahren erschienen ist und sich laut Verlag über eine Million Mal verkauft hat. Wie echt diese Küche ist, kann ich nicht beurteilen, aber das Kochbuch gehört trotz riesigen Angebots in den Buchhandlungen immer noch zu meinen liebsten. Es kommt aus einer Zeit, als es offenbar genügte, einfach was Nettes vor sich hin zu kochen, mal mit etwas mehr Aufwand, mal ohne, mal mit Fleisch, mal ohne, mal gesund, mal nicht so gesund. Was Essen betrifft, wirkt so viel Ausgewogenheit heute so schön arglos. Dieser Auflauf ist als Beilage zu geschmortem Fleisch gedacht, aber da Kartoffeln allein ja heute auch schon als Sünde gelten, kann man auch einfach nur einen grünen Salat dazu essen.

Die Kartoffeln schälen und in 3 mm dicke Scheiben schneiden oder hobeln. Pilze putzen, größere Exemplare eventuell halbieren. Die Petersilie fein hacken, mit Semmelbröseln und Parmesan vermengen. Die Mischung großzügig salzen und pfeffern. Eine Auflaufform mit Olivenöl ausstreichen. Mit einer Schicht Kartoffelscheiben auslegen. Diese salzen und mit der Kräutermischung bestreuen, darauf eine Schicht Pilze geben. Wieder salzen und etwas von der Kräutermischung darüber streuen. Es folgt wieder eine Schicht Kartoffeln. Nach diesem Prinzip weiter vorgehen, mit einer Schicht Kartoffeln abschließen. Etwas geriebenen Parmesan darüberstreuen. Ungefähr 1 Stunde lang bei 180 °C Ober- und Unterhitze im Ofen backen.

CLAFOUTIS MIT KIRSCHEN

Zutaten für eine Spring- oder Auflaufform mit 22 bis 24 cm Ø

500 g Kirschen
120 g Zucker
3 Eier
100 g Mehl
etwas Salz
Mark von ½ Vanilleschote
60 g zerlassene Butter
300 ml Milch

Als dieses Rezept in der Redaktionskonferenz angekündigt wurde, waren sich einige Kollegen sofort sicher, dass ich hier schon mal einen Kirschkuchen vorgestellt hatte. Jetzt ist es so weit, dachte ich, ich wiederhole mich. Nach fünf Jahren Kolumne, das ging schnell. Doch es war nur eine Schrecksekunde. Denn, liebe Kollegen, ich führe Buch über alles, was hier erscheint, und konnte sofort nachsehen: kein Kirschkuchen. Ihr habt euch also getäuscht, auch wenn ein Kirschkuchen so schlicht und wundervoll ist, dass man sich tatsächlich fragt: Warum erst jetzt?

Dieser Kuchen ist streng genommen ein Clafoutis, das heißt, der Teig ist ähnlich flüssig wie ein Pfannkuchenteig. Im Limousin, einer menschenleeren, schönen Gegend in der Mitte Frankreichs, scheint es Gesetz zu sein, dass in so einem Clafoutis die Kerne in den Kirschen verbleiben, denn sie geben dem Ganzen wohl eine interessante Bitternote. Aber zu den Dingen, die ich in den vergangenen Jahren über das Kochen gelernt habe, gehört eine gewisse Ignoranz der Tradition gegenüber. Hielte ich mich an alle Regeln, die Großmütter im Limousin oder in der Toskana oder in Indien jemals aufgestellt haben, ich käme nicht mehr zum Kochen. Also, die Kerne kommen raus. Das ist nicht so leicht, Folgendes schlägt das Internet vor: Stiel entfernen, Kirsche mit dem Stielausgang nach oben auf einen Flaschenhals setzen, mit einem Schaschlikspieß durch die Frucht stechen, sodass der Kern in die Flasche fällt. Seltsam, aber funktioniert.

Entsteinte Kirschen mit der Hälfte des Zuckers vermengen und 30 Minuten ziehen lassen. Eier und restlichen Zucker mit dem Schneebesen verrühren. Mehl, Salz und Vanillemark unterrühren, bis der Teig glatt wird. Zerlassene Butter (wenn sie abgekühlt ist) und Milch in den Teig gießen. Boden und Rand der Form buttern, mit Mehl bestäuben. Kirschen gleichmäßig verteilen, Teig darübergießen. Bei 180 °C Umluft 40 Minuten lang backen.

ZUCCHINI-RISOTTO MIT MINZE

Zutaten für 4 Personen

2 Zucchini
4 Stängel Basilium
1 Schalotte
Olivenöl
Salz
200 g Risottoreis
100 ml Weißwein
Pfeffer
ca. 500 ml Wasser
abgeriebene Schale von 1 Bio-Zitrone
4 Zweige frische Minze
30 g Butter
40 Parmesan (inklusive Rinde)

Es wird dem einen oder anderen schon aufgefallen sein, dass dies eine eher unprofessionelle Kochkolumne ist. Wichtigstes Kriterium bei der Auswahl der Gerichte ist, dass sie schlicht genug sind, um in meinen Alltag zu passen, und dass sie mir persönlich schmecken. So einfach ist das! Deshalb gibt es ständig Risotto. Es werden in meiner Kolumne außerdem auffällig oft Zucchini serviert. Zucchini sind für mich die Kürbisse des Sommers. Auf Seite 86 kommen Zucchini in die Bohnensuppe. Auf der nächsten Seite finden Sie Gemüsepuffer, in denen Zucchini eine Hauptrolle spielen werden.

Für den Risotto Zucchini waschen, putzen und in sehr dünne Scheiben schneiden. Basilikum waschen, trocken schütteln, Blätter von den Stielen zupfen und die Stiele klein schneiden. Schalotte schälen, fein hacken, in Olivenöl andünsten, salzen. Reis hinzufügen, unter Rühren kurz mitdünsten, dann die Zucchini und Basilikumstängel dazugeben. Weiterrühren, bis das Gemüse etwas Wasser abgegeben hat. Mit Weißwein ablöschen. Pfeffern und noch mal salzen. Die Parmesanrinde in den Topf geben. Wenn der Wein verdampft ist, Wasser dazugießen, sodass der Reis gerade bedeckt ist. Einkochen lassen, dabei regelmäßig rühren. Sobald die Flüssigkeit verdampft ist, den Vorgang wiederholen, bis der Reis gar ist (nach ungefähr 20 Minuten). Zwischendurch noch mal 1 Prise Salz dazugeben (aber nicht zu viel). Zum Schluss sollte das Risotto cremig sein und keine Flüssigkeit mehr im Topf stehen. Wenn der Reis gar ist, Käserinde entfernen und den Topf vom Herd nehmen. Für diesen Risotto braucht man keine Brühe, sondern kann Wasser nehmen, weil jetzt verschiedene Geschmacksverstärker hinzukommen: Zitronenschale, fein gehackte Basilikum- und Minzblätter, Butter und frisch geriebenen Parmesan unterrühren.

GRÜNE GEMÜSEPUFFER

Zutaten für 3 bis 4 Personen

250 g Zucchini
Salz
2 Handvoll Blattspinat
½ Knoblauchzehe
120 g Feta
25 g Parmesan
einige Blättchen Basilikum
abgeriebene Schale von 1 Bio-Zitrone
Pfeffer
5 Eier
Olivenöl

Auf Seite 34 habe ich Ihnen ein Rührei als Frittata verkauft, damit nicht jeder sofort merkt, wie allzu simpel mein Geschmack ist. (Sie war ja trotzdem sehr gut, finde ich, diese Frittata mit grünem Spargel.) Jetzt habe ich einen tollen Begriff für gebratenes Ei entdeckt, nämlich »Gemüsepuffer«. Das Rezept stammt von Anna Jones, einer britischen Köchin, die bei Jamie Oliver gelernt hat. In ihrem Buch *A Modern Way to Eat* (Mosaik Verlag) sind alle Rezepte vegetarisch oder vegan, das ist aber nicht weiter schlimm, denn die Geschmackskombinationen sind einfach toll. Anna Jones hat einen Instagram-Account mit 100 000 Followern, denen sie ihre extrem geschmackvoll angerichteten Teller präsentiert – oder manchmal ein gut gestyltes Picknick im Wald, eine pittoreske Haustür oder ihren schwangeren Bauch. Obwohl ich selbst praktisch kein Gespür für Tischdeko und Antiquitäten habe und, ehrlich gesagt, für Fotos überhaupt, habe ich auch einen Instagram-Account. Mir folgen bislang nicht ganz so viele Leute, weshalb ich mich über jeden neuen Follower freue. Name des Accounts: @zeitmagazin_wochenmarkt. Bis bald also hoffentlich!

Zucchini waschen, putzen und raspeln. Zucchiniraspel salzen und ungefähr 30 Minuten lang in einem Sieb abtropfen lassen. Inzwischen Spinat verlesen, waschen, putzen und in Streifen schneiden. Knoblauch schälen und fein hacken. Zucchini zusammen mit Spinat, zerkrümeltem Feta, fein geriebenem Parmesan, Knoblauch, grob gehacktem Basilikum, Zitronenschale, Salz und Pfeffer in einer großen Schüssel am besten mit der Hand vermengen. Eier aufschlagen und unterrühren. In einer Pfanne Olivenöl erhitzen, nicht am Öl sparen. Wenn es heiß ist, je 2 Esslöffel vom Teig in die Pfanne setzen und etwas flach drücken, sodass Puffer entstehen. 2 bis 3 Minuten lang braten, dann wenden, bis das Ei durchgegart ist. Dazu passt ein Salat mit Senfdressing.

GESCHMORTES LAMM MIT ZUCCHINI, MINZE UND ZITRONE

Zutaten für 3 bis 4 Personen

1 Zwiebel
4 Knoblauchzehen
25 g frischer Ingwer
750 g Lammfleisch zum Schmoren
(z. B. aus der Keule)
etwas Olivenöl
1 TL gemahlener Koriander
ca. 500 ml Wasser
2 kleine Zucchini
1 grüne Paprikaschote
4 Tomaten
je 1 Bund glatte Petersilie und frische Minze
Salz und schwarzer Pfeffer
1 Bio-Zitrone

Manche Menschen ziehen die Aufmerksamkeit ihrer Umgebung auf sich, andere nicht. Weiß der Himmel, warum. Kim Kardashian und Yotam Ottolenghi kennt jeder. Aber warum ist Ghillie Başan nicht berühmt? Sie ist eine kosmopolitische Kochbuchautorin mit blondem Haar und lässt sich gern in einer verrutschten Camouflage-Jacke fotografieren wie ein Reporter im Krisengebiet. Sie scheint mir nicht vollkommen uneitel zu sein, ihre Bücher sind toll – beste Voraussetzungen, um Ottolenghi abzulösen. Der Zeitpunkt wäre auch der richtige, denn viele haben jetzt genug von den langen Zutatenlisten und den Einkaufstrips in die Problemviertel ihrer Stadt. Doch bislang sind Başans Bücher ein Geheimtipp. Ich zog *Tajine: Würzige Eintöpfe aus Marokko* aus dem hintersten Regalfach eines Ladens. Die Rezepte sind schlichter als die von Ottolenghi und nicht so unfassbar kreativ. Da es mir nicht schlicht genug sein kann, habe ich in diesem Rezept, Geschmortes Lamm mit Zucchini, noch mal zwei Zutaten gestrichen.

Zwiebel, Knoblauch und Ingwer schälen, hacken. Fleisch in 2 cm große Würfel schneiden. Olivenöl in einem Topf mit dickem Boden erhitzen (oder Sie bringen Ihre Tajine aus dem letzten Marokko-Urlaub zum Einsatz, die Sie noch nie benutzt haben). Zwiebeln, Knoblauch, Koriander und Ingwer zugeben. 4 Minuten lang unter Rühren dünsten, dann Fleisch zugeben. Mit Wasser aufgießen, bis das Fleisch gerade bedeckt ist. Wasser aufkochen, Hitze reduzieren und den Topf zudecken. 1½ Stunden lang sanft köcheln lassen. Inzwischen Zucchini waschen, putzen, schräg in dicke Scheiben schneiden. Paprika entkernen, waschen und in breite Streifen schneiden. Tomaten häuten: in einer Schüssel mit kochendem Wasser überbrühen, kurz stehen lassen, kalt abschrecken und die Haut abziehen. Kerne entfernen, das Fruchtfleisch würfeln. Kräuter waschen, trocken schütteln und die Blättchen grob hacken. Die Kochflüssigkeit mit Salz und Pfeffer würzen. Zucchini, Paprika und Tomaten zum Fleisch geben, eventuell noch Wasser dazugießen. Zugedeckt weitere 15 Minuten lang köcheln lassen, bis Zucchini und Paprika gar, aber noch bissfest sind. Mit den Kräutern und Zitronenvierteln servieren.

SOMMERLICHE BOHNENSUPPE

Zutaten für 6 Personen

250 g getrocknete weiße Bohnen
Salz
3 Stangen Staudensellerie
1 rote Paprika
1 Zucchini
2 Handvoll Petersilie
Pfeffer
etwa 50 g Parmesan (inklusive Rinde)
reichlich Olivenöl
1 Zitrone

Obwohl in der Gegend um die Kastanienallee in Berlin-Prenzlauer Berg kaum noch Menschen wohnen, die nicht jeden Tag betrunken in einem Park herumsitzen, hat das stille Restaurant Schädels dort seine Kundschaft gefunden. Es ist wie ein Traum von früher, als Berlin noch eine unscheinbare Stadt war: Die Menschen essen allein oder zu zweit an den kleinen Tischen, lesen Zeitung dabei, unterhalten sich leise, manchmal sitzt ein braves Kind dabei. Es werden einfachste Gerichte angeboten, die sich fast ein bisschen langweilig anhören: Pasta mit Thunfisch und Kapern, Risotto mit Gemüse, Ofenhuhn. Aber alles ist sorgfältig gekocht, oder vielmehr ist es so zubereitet, dass man den Wunsch des Kochs schmeckt, seinen Gästen eine Freude zu machen. Ich habe versucht, die Suppe aus weißen Bohnen nachzukochen, die ich dort neulich gegessen habe. Man nimmt dafür getrocknete Bohnen, die mindestens zwölf Stunden einweichen müssen. Für viele ist es eine Herausforderung, sich am Morgen schon darauf festzulegen, am Abend Bohnensuppe zu essen – ist das Leben doch voller Überraschungen! Aber mit Bohnen aus der Dose lässt sich diese Suppe leider nicht kochen.

Nach dem Einweichen werden die Bohnen 1 Stunde lang in Wasser gar gekocht. Erst zum Ende der Garzeit salzen und zum Schluss das Kochwasser auffangen. Sellerie waschen, in Scheibchen schneiden, Paprika entkernen, waschen, in Streifen schneiden und diese noch mal halbieren. Zucchini waschen, putzen, längs halbieren und in ½ cm dicke Scheiben schneiden. Petersilie waschen, trocken schütteln, Blättchen von den Stielen zupfen und die Stiele zu den Zucchinischeiben geben. Salzen, pfeffern und alles ungefähr 5 Minuten lang in Olivenöl dünsten. Bohnen dazugeben und mit dem Kochwasser bedecken – wenn es nicht reicht, frisches Wasser hinzufügen. Die Rinde des Parmesanstücks hinzufügen. Nach ungefähr 30 Minuten die Rinde entfernen, etwa drei Kellen der Suppe herausnehmen und pürieren, die Masse zurück in den Topf geben. Petersilienblätter unterrühren. Mit Salz und Pfeffer abschmecken. Zum Servieren nach Geschmack mit Olivenöl und Zitronensaft beträufeln und mit geriebenem Parmesan bestreuen.

RICOTTAKUCHEN MIT HIMBEEREN

Zutaten für eine Springform mit 22 cm Ø

- 1 TL Sonnenblumenöl
- 190 g Mehl (Typ 550)
- 180 g Zucker
- 2 TL Backpulver
- ¾ TL Salz
- 3 Eier
- 375 g Ricotta
- Mark von 1 Vanilleschote
- 120 g Butter
- 150 g frische Himbeeren

Ein nicht besonders gut gehütetes Geheimnis aus meiner Küche: Ich kann nicht backen. Ich gebe die Schuld meiner Mutter, die eine hervorragende Köchin ist, aber selbst Dr.-Oetker-Kuchen immer vergeigt hat, sodass bei uns an geburtstäglichen Kaffeetafeln oft eisiges Schweigen herrschte. Meine Mutter wiederum gibt die Schuld dafür, dass sie nicht backen kann, ihrer eigenen Mutter, die nämlich sehr gut backen konnte und ihre Töchter mit ihrer Gewissenhaftigkeit und Geduld in den Wahnsinn trieb. Fazit: Man kann es als Mutter nur falsch machen.

Ich habe dieses Rezept einem amerikanischen Kochmagazin entnommen, weil es so einfach ist, dass selbst ich es hinbekomme. Tatsächlich ist der Kuchen nicht besonders elegant, dafür aber sehr saftig, vielleicht sogar etwas »speckig«, wie meine Großmutter die Kuchen nannte, die ihr zu feucht gerieten. Aber gerade das gefällt mir, denn wenn man kein Talent hat, bleibt einem bekanntlich nichts anderes übrig, als das Misslingen einfach zur Absicht zu erklären.

Den Ofen auf 170 °C Umluft vorheizen. Eine Springform mit Backpapier auslegen: Dazu ein Stück Papier ausschneiden, das etwas größer ist als der Boden der Springform. Das Papier auf den Boden legen, den Springformring daraufsetzen und schließen. Backpapier und Ränder mit Sonnenblumenöl einfetten. Mehl, Zucker, Backpulver und Salz verrühren. Eier, Ricotta und Vanillemark in einer anderen Schüssel zu einer Masse vermengen. Die Mehl-Zucker-Mischung unterrühren. Butter bei schwacher Hitze zerlassen, zum Teig gießen und so lange rühren, bis sich eine homogene Masse ergibt. Dann drei Viertel der Himbeeren unterheben, Beeren dabei nicht zerdrücken. Den Teig in die Form geben, die restlichen Himbeeren darauf verteilen. 50 bis 60 Minuten lang backen, bis der Kuchen goldbraun ist. Kuchen vor dem Anschneiden 20 Minuten lang auskühlen lassen.

THAI-SALAT MIT RINDFLEISCH UND KRÄUTERN

Zutaten für 2 bis 3 Personen 2 bis 3 rote Chilischoten
1 große Prise Salz
1 Prise Zucker
5 EL Limettensaft (also 1 bis 2 Limetten)
150 g Rinderfilet
2 EL Fischsoße
4 (kleine) Schalotten
1 Stängel Zitronengras
3 Kaffirlimettenblätter
1 Handvoll Minze- und Korianderblätter

Ich gehöre zu jener Sorte von Hobbyköchen, die die Küche erst am nächsten Tag aufräumen und dann die Messer, die sich unter den Gemüseschalen verbergen, aus Versehen mit in den Mülleimer werfen. Bei diesem Rezept für einen thailändischen Salat möchte ich Ihnen aber unbedingt raten, nicht die eine oder andere Angabe in der Zutatenliste zu ignorieren, wie man (ich) das sonst gern beim Nachkochen asiatischer Gerichte macht. Sie werden die Kaffirlimettenblätter nicht bei Edeka bekommen. Dafür im Asialaden und in getrockneter Form am Gewürzstand auf dem Wochenmarkt. Es ist eine Zutat, die sich deutlich von den Alltagsaromen unterscheidet, sodass es sich lohnt, sie einmal geschmeckt zu haben. Ähnlich sieht es bei der Fischsoße aus: Wie kann ein Mittelchen, das so erbärmlich riecht, ein Essen derart bereichern? Ein wunderbares Geheimnis.

Haben Sie die Zutaten erst einmal zusammen, ist das Schwierigste geschafft. Chilischoten putzen, entkernen, waschen und fein hacken. Salz, Zucker, Limettensaft und 2 der Chilischoten werden vermengt. In dieser Mischung wird das Rinderfilet mariniert, nachdem es in ungefähr ½ cm dicke Scheiben geschnitten worden ist. Die Marinade fest in das Filet einreiben. (Das Fleisch wird nicht gegart, statt Hitze bewirkt der Limettensaft die Denaturierung des Eiweißes.) Nach 10 Minuten die Flüssigkeit abgießen, auffangen und daraus mit besagter Fischsoße ein Dressing rühren. Schalotten schälen und hacken. Zitronengras von äußeren Hüllblättern befreien, das Innere in Scheibchen schneiden. Von den Kaffirlimettenblättern die Mittelrispen entfernen und die Blätter fein schneiden. Das Dressing zusammen mit Schalotten, Zitronengras, Limettenblättern und den grob zerrupften Kräutern über das Fleisch geben. Es ist dies übrigens die vereinfachte Fassung eines der einfachsten Rezepte von David Thompson, dessen Thai Food knapp 700 Seiten umfasst und mit trägen Köchen nicht so viel Nachsicht übt wie wir.

HUHN MIT FENCHEL, KARTOFFELN UND FRÜHLINGSZWIEBELN

Zutaten für 4 Personen

Etwas Olivenöl
1 Huhn (1,5 kg schwer)
Salz und Pfeffer
2 Fenchelknollen
7 mittelgroße Kartoffeln
2 Bund Frühlingszwiebeln
1 Bio-Zitrone

Ich lasse mich gern weiterhin von Veganern auf ihren Blogs beschimpfen. Aber Sie, liebe Leser, müssen mir helfen, wenn ich den Fleischkonsum noch verteidigen soll: Mir gehen langsam die Argumente aus, sollte sich an unserem Einkaufsverhalten nichts ändern. Tun Sie mir also den Gefallen, kaufen Sie ein Huhn, das ein gutes Leben hatte, wenn Sie dieses Rezept nachkochen. Faustregel: Hühner, die es im Supermarkt gibt, hatten kein gutes Leben. Und was ein »gutes Leben« ist, ist gar nicht so schwer zu definieren. Man muss kein Vogelflüsterer sein, um zu verstehen, dass z. B. entzündete Fußballen nicht zu einem guten Leben gehören. Die Tierärztliche Hochschule Hannover hat festgestellt, dass 58 Prozent der Masthühner kranke Sohlenballen bekommen, wenn man so viele Tiere in einen Stall zwängt, wie es das deutsche Gesetz erlaubt. Tut mir leid, aber das ist die unappetitliche Realität. Wäre doch schön, wenn die Geflügelwirtschaft sich darum kümmerte, statt neue PR-Websites zu launchen, auf denen sie sich dafür selbst bemitleidet, dass sie vom Verbraucher kritisiert wird.

Suchen Sie sich also einen netten Demeter-Hof, auf dem die Hühner durchs Gras rennen, zahlen Sie die 25 Euro, die so ein Huhn kostet. Zur Belohnung ist dies ein Gericht, das sich praktisch von allein zubereitet: Ofen auf 210 °C vorheizen. In einem Bräter Öl erhitzen. Huhn salzen und pfeffern, auch innen. Von allen Seiten anbraten, bis die Haut gebräunt ist, das dauert ungefähr 15 Minuten. Haut nicht zerreißen. Das Huhn beiseitestellen. Fenchel waschen und 1 cm dicke Scheiben schneiden. Kartoffeln waschen, schälen und halbieren. Frühlingszwiebeln putzen, waschen und vom Grün befreien. Im selben Topf, in dem man das Huhn angebraten hat, das Gemüse in Öl anbraten. Salzen und pfeffern. 5 Minuten lang unter Rühren anschwitzen, nicht anbrennen lassen. Huhn auf das Gemüse setzen, Topf in den Ofen stellen. 35 bis 45 Minuten lang ohne Deckel garen. Man braucht keine Flüssigkeit hinzuzufügen, das Huhn ist am Ende knusprig, das Gemüse leicht karamellisiert. Für die Garprobe schneidet man am Schenkel dort ein, wo das Gelenk sitzt. Ist der austretende Saft klar, ist das Huhn gar. Mit dem Gemüse und Zitronenschnitzen servieren.

HÜHNERLEBER MIT KNOBLAUCH UND ZITRONE

Zutaten für 2 Personen

Für die Leber
400 g Hühnerleber
½ TL Salz
2 EL Olivenöl

Für die Soße
4 Knoblauchzehen
Salz
100 ml Olivenöl
Saft von ½ Zitrone
Pfeffer

Ein Tier besteht nicht nur aus Filetstücken. Diese Erkenntnis spricht sich ja gerade herum, wohl auch, weil sie so weise klingt – wie eine Einsicht über das Leben überhaupt, das ja auch nicht nur aus Filetstücken besteht. Vielleicht werden Innereien aber einfach deshalb wiederentdeckt, weil sie gut schmecken. Bei der Verarbeitung sind dann viele Köche und Kochbuchautoren sehr zurückhaltend. Im östlichen Teil der Welt ist das ganz anders. In Japan und Thailand beispielsweise gilt das Prinzip: Zum auffälligen Geschmack eines inneren Organs passt am besten ein anderer auffälliger Geschmack. Wir fangen heute mal mit der Innereienküche des Libanon an, der ist nicht ganz so weit weg. Es gibt dort ein Gericht, bei dem auf 100 Gramm Hühnerleber eine Knoblauchzehe kommt. Eine rohe Knoblauchzehe, versteht sich. Ich habe das Rezept in dem Kochbuch *Die libanesische Küche* von Salma Hage gefunden (Phaidon Verlag). Sauer, frisch und scharf schmeckt so eine libanesische Hühnerleber, also sehr sommerlich, und junger Knoblauch ist auch nicht so stark, dass man davon Schlafstörungen bekommt.

Leber in einer Schüssel mit dem Salz bestreuen, darin wenden. Öl in einer Pfanne erhitzen, Leber darin anbraten. Währenddessen für die Soße die Knoblauchzehen schälen, mit Salz in einem Mörser zerstoßen, Öl und Zitronensaft unterrühren, pfeffern. Die eine Hälfte der Soße in die heiße Pfanne zur Leber gießen, kurz schwenken, dann die Pfanne vom Herd nehmen. Die restliche Soße kalt bei Tisch dazu reichen. Als Beilage passt getoastetes Brot.

RATATOUILLE

Zutaten für 2 bis 3 Personen

2 Auberginen
Olivenöl
Salz
1 Knoblauchknolle
1 kleine Zwiebel
1 Zucchini
2 rote Spitzpaprika (oder 1 gewöhnliche rote Paprikaschote)
1 Dose Tomaten
1 EL Essig
½ TL getrockneter Oregano (oder Thymian)
Pfeffer
1 EL Tahini
ein paar Blätter frische Minze

Was kann man tun, damit ein Ratatouille so gut schmeckt, dass man es direkt im Stehen aus der Pfanne isst? Hier ein paar Tipps: Die Auberginen vorher im Ofen rösten. Das wirkt sich positiv auf ihre Konsistenz aus. Sie werden längs halbiert und in möglichst gleich große Stücke von 1 bis 2 cm geschnitten. (Oder in 1 cm dicke Scheiben, wie unser Fotograf es getan hat.) In einer Schüssel mit 2 EL Olivenöl und Salz vermengen. Auberginen auf einem mit Backpapier ausgelegten Blech gleichmäßig verteilen. Bei 200 °C Umluft 15 Minuten lang backen, herausnehmen, wenden, noch mal 10 bis 15 Minuten garen, bis die Auberginen weich sind. Ein weiterer Ratatouille-Tipp: Man legt zu den Auberginen eine quer aufgeschnittene Knoblauchknolle (ungeschält) auf das Blech. In der Schale wird der Knoblauch durch die Hitze zu einem süßlichen Mus, das sich leicht herausdrücken lässt, bevor man es weiterverarbeitet.

Während Auberginen und Knoblauch im Ofen sind, die Zwiebel schälen und hacken. Zucchini waschen, putzen und in Stücke schneiden. Paprika entkernen, waschen und würfeln. Öl in einer großen Pfanne erhitzen, Zwiebeln dazu, salzen, nach 2 Minuten Hitze runterschalten, Zwiebeln unter Rühren dünsten. Nach 10 Minuten Zucchini und Paprika dazugeben sowie Dosentomaten, Essig, Oregano und Pfeffer. Das Ganze bei mittlerer Hitze 20 Minuten lang köcheln lassen. Das Ratatouille sollte nicht zu flüssig sein, die Zucchini hat sich praktisch aufgelöst und die Paprika ist weich.

Die gebackenen Auberginen unter das Gemüse rühren, ebenso das Knoblauchmus. Nachsalzen. Das Ratatouille gegebenenfalls noch mal kurz erhitzen. Zum Schluss Tahini und fein gehackte Minze unterrühren. Diese Idee stammt aus einem Celebrity-Kochbuch, ich habe vergessen, aus welchem. Mich erinnert Ratatouille an meine Studienzeit. Es war das einzige Gericht, das ich beherrschte. Natürlich war damals von Tahini und Minze keine Rede. Essen war nicht so ein Thema, für mich nicht, für Celebritys nicht und für die meisten anderen Leute auch nicht. Es klingt, als läge das Jahrzehnte zurück. Tatsächlich spreche ich von den sogenannten Nullerjahren. Die scheinen mir aber so weit weg wie die Siebziger. Heute würde jedenfalls niemand mehr den Bund seiner Jeans abschneiden, was wir damals allen Ernstes gemacht haben. Immerhin haben wir uns in diesem Look nicht ständig fotografiert.

BROKKOLI MIT TAHINI-DRESSING

Zutaten für 2 bis 3 Personen

500 g Brokkoli
2 EL Tahini
2 EL Olivenöl plus etwas mehr zum Rösten der Nüsse
2 TL Honig
Salz
etwas Zitronensaft
100 g Cashewnüsse

»Ich habe Ihr Hummus-Rezept ausprobiert. Es hat mein Leben verändert.« Solche Zuschriften erhalte ich leider nie. Ella Woodward aber. Sie ist Autorin eines Gesundheitskochbuchs, das im englischsprachigen Raum ein Bestseller ist. Woodward, Anfang 20, Model und Erbin, hat über 500 000 Follower auf Instagram und verkauft auf ihrer Website Entsafter, T-Shirts und anderes. Ihre Story ist die: Sie erkrankte am Posturalen Orthostatischen Tachykardiesyndrom, POTS genannt. Vor allem junge Frauen bekommen es, zu den Symptomen gehören Ohnmachtsanfälle. Woodward stellte ihre Ernährung um, isst jetzt vegan und glutenfrei, und seither sind die Symptome verschwunden. Toll! Bevor aber Sie, lieber Leser, sich zu früh freuen, dass die vegane, glutenfreie Küche ja wirklich noch jedes Leid auf der Welt lindern kann, hier eine Einschätzung des erfahrenen POTS-Forschers Rolf R. Diehl vom Alfried Krupp Krankenhaus in Essen: »POTS verschwindet bei fast allen Patienten nach fünf Jahren wieder, bei vielen schon nach einem Jahr.« Vielleicht kennen Sie aber folgende Situation: Sie werfen ein paar schöne Schweinerippchen auf den Grill, dazu gibt es zwei oder drei Bier, dann ein Eis. Am nächsten Tag betrachten Sie reuevoll Ihren runden Bauch. In diesem Moment ist Ella Woodwards Kochbuch genau das Richtige. Sie finden darin Rezepte für winzige Snacks aus Gurken, für Grünkohlsalat, mit wenig mehr als einem Löffelchen Olivenöl angemacht, und für dieses minimalistische Brokkoli-Gericht. Aber lassen Sie das Buch nicht in die Hände Ihrer Teenagertochter geraten, sie wird es als perfekte Anleitung zur Essstörung lesen.

Den Brokkoli in Röschen teilen, den Stiel schälen und würfeln. Brokkoli dämpfen oder in Wasser gar kochen. Er sollte weich, aber nicht zerkocht sein. Tahini, Olivenöl und Honig vermengen. Ella Woodward fügt kein Salz hinzu, ich würde es tun. Außerdem kann ein bisschen Zitronensaft nicht schaden (hat auch keine Kalorien). Die Nüsse grob hacken (Woodward nimmt 200 g, ich würde nur 100 g nehmen), in einer Pfanne mit etwas Olivenöl ein paar Minuten lang rösten. Brokkoli anrichten, Dressing und Nüsse darübergeben.

Früchte

PESTO AUS FRISCHEN TOMATEN UND MANDELN

Zutaten für 2 Personen

1 Knoblauchzehe
etwas Salz
1 Bund frisches Basilikum
100 ml Olivenöl
100 g Mandeln
600 g reife Cherry-Tomaten
3 EL geriebener Parmesan
Pfeffer
1 EL Zitronensaft
Pasta

Die Zubereitung dieses Gerichts kann man gerade noch kochen nennen. Aber im Grunde tut man nicht viel mehr, als Wasser zu erhitzen und ein paar Zutaten in einer Schüssel zu vermengen. Leider kann man dieses Pesto alla trapanese nur in den wenigen Sommerwochen essen, in denen die Tomaten reif sind, sie müssen nämlich süß wie Erdbeeren sein, damit dieses Gericht schmeckt. Im Einzelnen geht man so vor: Knoblauch schälen. Im Mörser Knoblauch, Salz und Basilikumblätter zerstoßen. (Ungewöhnlich, aber ohne Weiteres möglich.)

Die Mischung in eine Schüssel geben, mit Olivenöl vermengen. Mandeln in einer Pfanne ohne Fett 4 Minuten lang rösten. Man kann die Mandeln vor dem Rösten schälen, indem man sie kurz in kochendes Wasser gibt, unter kaltem Wasser abschreckt und dann aus der Schale drückt. Die Mandeln im Mörser zerstoßen, bis ein grobes Mehl entsteht. In die Schüssel mit der Knoblauch-Salz-Basilikum-Masse geben. Tomaten waschen, halbieren und unterrühren. Eventuell noch mehr Olivenöl dazugießen, falls die Soße noch nicht soßig genug ist. Geriebenen Parmesan hinzufügen. Zum Schluss mit Salz, Pfeffer und Zitronensaft abschmecken. Die Soße unter die heißen Nudeln rühren und sofort servieren.

An dieser Stelle verrate ich Ihnen, liebe Leser, dass Sie für die Zubereitung statt eines Mörsers auch einen Pürierstab nehmen dürfen. Es gibt darüber heftige Debatten – Pürierstab versus Mörser: Was ist besser? Beeinträchtigt die Faulheit des Koches den Geschmack? An den Diskussionen kann sich jeder beteiligen, der will. Ich tue es lieber nicht.

PASTA MIT TOMATEN UND GERÖSTETEM WEISSBROT

Zutaten für 2 Personen

120 g Weißbrot (am besten vom Vortag)
350 g kleine Tomaten
etwas Olivenöl
1 Knoblauchzehe
Salz
200 g Spaghetti
je 1 Handvoll Petersilien- und Basilikumblätter
2 EL geriebener Parmesan
etwas Chilipulver

Als mein Bruder für seine kleine Hochzeitsgesellschaft selbst gekocht hat, gab es zur Vorspeise Nudeln mit Tomatensoße. Darüber hat die Familie ein bisschen die Nase gerümpft, bis die Pasta vor ihnen stand: die Tagliatelle selbst gemacht, die Tomatensoße auch, aus den kleinen roten Geschmacksbomben, zu denen Tomaten im Spätsommer werden. Familie Snob war begeistert. In diese Tomatenpasta kommt zusätzlich geröstetes Weißbrot. Das wird jetzt wiederum die Leute auf Diät erschrecken: Sind das Kohlenhydrate mit Kohlenhydraten?! Ja, so ist es, das Leben ist eine einzige köstliche Versuchung.

Altbackenes Weißbrot in 1 cm große Würfel schneiden. Tomaten waschen und vierteln. Olivenöl in einer Pfanne erhitzen, geschälte Knoblauchzehe darin schwenken. Brotwürfel in die Pfanne geben und einige Minuten anrösten, bis sie etwas Farbe annehmen. Tomaten dazugeben, salzen, eventuell Tomaten ein bisschen andrücken, sodass der Saft austritt. Einige Minuten bei mittlerer Hitze unter Rühren dünsten. Währenddessen die Pasta in kochendes Salzwasser geben. Petersilien und Basilikumblätter mit frisch geriebenem Parmesan, Salz, etwas Olivenöl und etwas Chilipulver mit dem Pürierstab zu einer Pestosoße vermengen, mit 2 EL vom Nudelkochwasser glatt rühren. 2 Minuten vor Ende der Garzeit der Spaghetti diese vom Topf zur Soße in die Pfanne heben, eine Kelle Nudelwasser dazugießen. Flüssigkeit einkochen lassen, die Knoblauchzehe gegebenenfalls herausfischen. Schließlich die Pestosoße in die Pfanne gießen, gut umrühren, eventuell nachsalzen.

AUBERGINENAUFLAUF (MELANZANE ALLA PARMIGIANA)

Zutaten für 3 Personen

2 Auberginen
Salz
etwas Olivenöl
1 Schalotte oder 1 kleine Zwiebel
1 TL getrockneter Oregano
1 Dose geschälte Tomaten
1 Prise Zucker
Pfeffer
ein Schuss Essig (z. B. Balsamico)
125 g Mozzarella
ein paar Basilikumblätter
50 g frisch geriebener Parmesan
2 EL Semmelbrösel

Jetzt ist aber mal genug mit diesen originellen Einfällen, sage ich mir, wenn ich aus Berufsgründen in einem teuren Restaurant vor einer als Schiefer Turm von Pisa geformten Gänsestopfleber sitze. Ich genieße diesen Moment der unreflektierten Elitenverachtung. In der Küche bin ich Traditionalistin. Ist das Bodenständige nicht viel schöner? An diesem klassischen italienischen Auberginenauflauf ist nichts Neues. Höchstens vielleicht die Tatsache, dass die Auberginen vor der Verarbeitung nicht frittiert oder gebraten werden und dabei das Öl aufsaugen, das einem später schwer im Magen liegt. Stattdessen werden sie im Ofen gebacken. Aber wahrscheinlich hat das vor mir auch schon mal jemand gemacht. Damit kann ich sehr gut leben.

Ofen auf 190 °C Umluft heizen. Auberginen waschen, von den Stielen befreien, der Länge nach in Scheiben schneiden (keinen ½ cm dick). Auf einem mit Backpapier ausgelegten Blech nebeneinander verteilen, Salz und etwas Olivenöl darübergeben. 30 Minuten lang im Ofen backen, nach 15 Minuten die Scheiben umdrehen. In der Zwischenzeit die Tomatensoße vorbereiten: Schalotte schälen, fein schneiden, in einer Pfanne mit Öl andünsten, salzen, pfeffern, Oregano dazugeben. Tomaten hinzufügen. Die Soße ungefähr 20 Minuten lang einkochen lassen. Zum Schluss mit Zucker, Salz, Pfeffer und Essig abschmecken.

Den Backofen auf 190 °C vorheizen. In einer ofenfesten Form die Hälfte der Tomatensoße verteilen, darauf die Hälfte der gebackenen Auberginenscheiben nebeneinanderlegen. Auf die Auberginen wiederum gibt man gewürfelten Mozzarella und fein geschnittene Basilikumblätter. Es folgen eine Schicht Tomatensoße sowie die restlichen Auberginen. Parmesan darüberreiben, der Käse bildet eine geschlossene Decke. Semmelbrösel auf dem Auflauf verteilen, noch mal pfeffern. 25 bis 30 Minuten lang im Ofen backen.

HÜHNERFRIKASSEE MIT PILZEN

Zutaten für 4 Personen

300 g frische Pilze (Pfifferlinge, Steinpilze, Kräutersaitlinge und/oder Champignons)
1 Schalotte
Pflanzenöl
Salz
schwarzer Pfeffer
2 Hühnerfilets
150 ml Weißwein
150 ml Sahne
1 Handvoll Estragonblätter

Hiermit soll die lose Reihe »verhunzte Klassiker« fortgesetzt werden, die zu Unrecht in Verruf geratene Gerichte rehabilitieren will. Diesmal: das Hühnerfrikassee. Zu viele Kantinen, zu viele Tütenessenhersteller haben sich an diesem Gericht vergangen, jetzt denkt man an schlimme Soße und weiche Karotten. Ich hatte mir vorgenommen, es nach der superklassischen Methode von Paul Bocuse zuzubereiten, aber schon beim Lesen des sehr langen Rezepttextes bin ich gedanklich immer wieder abgeschweift, genauso als wenn man jemanden nach dem Weg fragt und die Beschreibung so kompliziert ist, dass man gar nicht erst zuhört. Dieses Frikassee-Rezept ist also stark vereinfacht, schmeckt aber trotzdem so besonders, dass es auch unseren Fotografen, wie das Bild vermuten lässt, in festliche Stimmung versetzt hat. Was die Zutaten betrifft, orientiert sich das Rezept an dem von Bocuse. Ich koche zwar nicht die Füße des Huhns mit, verwende aber Sahne, eine tolle, aus der Mode gekommene Kochzutat, dafür keine Erbsen, keine Karotten, sondern viele Pilze – sie bilden einen ähnlich großen Anteil wie das Fleisch.

Pilze putzen und in 2 cm große Stücke schneiden (am besten nimmt man nicht nur Champignons, sondern auch andere Sorten). Schalotte schälen und fein hacken. Pilze im Topf in Öl andünsten, die Schalotte dazugeben. Salzen und pfeffern, unter Rühren weiterdünsten, bis beides gar ist. Beiseitestellen. Hühnerfleisch in ungefähr ½ cm dicke Scheiben schneiden. In demselben Topf in Öl anbraten. Salzen, pfeffern, mit Wein ablöschen. Einkochen lassen, bis das Fleisch gar ist (falls es anzusetzen droht, etwas Wasser hineingießen). Sahne hinzugießen, kurz unter Rühren einkochen lassen. Zum Schluss die Pilze wieder in den Topf, fein geschnittenen Estragon dazugeben. Mit Salz und Pfeffer würzen. Dazu passt mit Parmesan abgeschmeckte Polenta.

BIRNENKUCHEN MIT KOKOS

Zutaten für eine Kastenform mit 26 cm Länge

120 g Zucker
1 Prise Salz
3 Eier
180 g Butter (plus eine kleine Menge zum Einfetten der Form)
150 ml Kokosmilch
200 g Mehl
1½ TL Backpulver
gemahlene Vanille oder Mark von 1 Vanilleschote
2 Birnen

Große Frage: Was ist so schwer daran für Birnen, gut zu schmecken? Warum schmecken sie so giftig und sauer und hart, als verzehre man einen Strauß Tulpen? Kann sein, dass ich mich irre, aber früher war das doch anders. Früher waren Birnen doch diese schlonzigen zuckersüßen Früchte mit wunderbarem Mandelaroma, die man beim besten Willen nicht essen konnte, ohne sich die Bluse einzusauen. Braucht man jetzt einen eigenen Garten, um dieses Vergnügen zu erleben? Sind solche Schweinereien aus dem öffentlichen Leben verbannt worden? Ist die Birne gezähmt worden? Aber hat sie erst mal ein paar Tage zu Hause im Obstkorb herumgelegen, wird sie doch weich, ein bisschen zu weich allerdings. Das geht recht schnell, morgens sagt man der steinharten Birne Auf Wiedersehen, kommt man abends nach Hause, liegt sie hingegossen da. In diesem überreifen Zustand kann man sie gut für einen Rührkuchen verwenden. Zucker und Butter helfen mit ihrem unvergleichlichen Aroma aus, die Kokosmilch bringt Saftigkeit.

Zucker, Salz und Eier in einer Schüssel verrühren. Die Butter langsam in einem kleinen Topf zerlassen, dann hinzufügen. Kokosmilch dazugießen. Mehl, Backpulver und Vanille unterrühren, bis ein fester Teig entsteht. Birnen schälen, achteln und in kleine Stücke schneiden. Mit dem Teig vermengen. Kastenform mit Butter einfetten, Teig hineingeben. Bei 180 °C ungefähr 50 Minuten lang backen.

BLUTWURST MIT GESCHMORTEN BIRNEN

Zutaten für 2 Personen

2 Zwiebeln
2 Birnen
etwas Öl
Salz
1 Blutwurst (zum Braten geeignet)
etwas Mehl

Eine Blutwurst besteht aus gekochtem Blutbrei. Haben Sie schon Appetit bekommen? Angeblich wird schon in den Schriften Homers Blutwurst erwähnt. So ist das: Der Mensch ist zu Hochkultiviertem fähig, aber sein Appetit ist der eines Raubtiers, das das warme Blut seiner Beute liebt. So viel Widersprüchlichkeit muss man erst mal verkraften. Verständlicherweise verbieten viele Religionen den Verzehr von Blut: das Judentum, der Islam und in seiner Frühzeit das Christentum. Auch ernährungsphysiologisch ist eine Blutwurst fragwürdig. Sie enthält Sinnvolles wie Eisen, aber wie jede Wurst auch viel Fett. Es könnte gerade an diesen alten und neuen Tabus liegen, dass es ein großes Vergnügen ist, eine Blutwurst zu essen. Vielleicht schmeckt die Blutwurst aber auch einfach deshalb so gut, weil der Metzger sie mit Majoran und etwas Zimt würzt. Dann passt sie auch besonders gut zu Birnen, die ja, wenn man Glück hat, ein bisschen nach Marzipan schmecken.

Zwiebeln schälen, in Streifen schneiden, Birnen schälen, längs je nach Größe achteln oder vierteln und von den Kerngehäusen befreien. Zwiebeln in Öl mit etwas Salz bei niedriger Hitze anschwitzen, nach etwa 10 Minuten die Birnen dazugeben, unter Rühren dünsten, bis Zwiebeln und Birnen gar sind. Die Blutwurst kann man geschnitten oder am Stück braten. Die Scheiben werden vor dem Braten in Mehl gewälzt, überschüssiges Mehl vorsichtig abklopfen, sodass nur eine dünne Schicht haften bleibt. Wenig Öl in einer Pfanne erhitzen, darin die Wurst anbraten. Mit den Birnen servieren.

Blutwurst mit Birnen ist vielleicht nicht geeignet für ein Essen mit Gästen, siehe Eingangspassage, dafür aber umso besser für ein Mittagessen an einem kühlen Sonntag, an dem man das Haus nicht verlässt.

BIRNENTARTE

Zutaten für eine Springform mit 26 cm Ø

Für den Mürbeteig
100 g weiche Butter
80 g Zucker
1 Ei
200 g Mehl
1 Prise Salz

Für den Belag
75 g weiche Butter
75 g Zucker
1 Ei
75 g gemahlene Mandeln
10 g Mehl
3 reife große Birnen
2 EL Mandelblättchen

Der Obstanteil ist in dieser Obsttarte minimal. Die Früchte bilden den Hintergrund, vor dem Zucker, Butter und Mehl ihr unwiderstehliches Aroma entfalten. Ich habe den Kuchen letzte Woche dreimal gebacken, weil er so gut schmeckt, mal mit Birnen, mal mit Äpfeln, beides super. Große Stücke vom Kuchenteig habe ich – zu einer Tasse Kaffee – roh gegessen. Man bekommt davon ein bisschen Bauchschmerzen, aber das macht mir nichts aus. Erfüllte Liebe gibt's nicht umsonst.

Die Zubereitung ist einfach, aber das Rezept lang, weil ich jeden Schritt so ausführlich beschreibe, als hätten Sie noch nie einen Kuchen gebacken. Die weiche Butter mit der Hand in den Zucker kneten. Ei unterrühren. Die Mischung soll in Konsistenz und Farbe an Rührei erinnern. Mehl und Salz in einer Schüssel vermengen, in der Mitte eine Mulde formen. Zucker-Butter-Masse hineingeben und in das Mehl kneten, bis ein glatter Teig entsteht. Teig auf einem Stück Backpapier zu einem Kreis ausrollen, der einen Durchmesser von ungefähr 30 cm hat. Ein weiteres Stück Backpapier auf den Teig legen, das Ganze in den Kühlschrank geben, 1 Stunde dort lassen. Für den Belag Butter und Zucker verkneten (wie in Schritt 1 für den Teig). Ei, Mandeln und Mehl unterrühren. Die Springform vorbereiten: den Boden mit Backpapier bedecken, indem man es zwischen Rand und Boden klemmt, Ränder und Boden mit wenig Butter einfetten. Teig in die Form drücken, der Rand sollte etwa 3 cm hoch sein. Mandelcreme auf den Teig streichen (sie verdreifacht beim Backen ihr Volumen). Birnen schälen, der Länge nach halbieren, Kerngehäuse entfernen. Birnenhälften quer in dünne Scheiben schneiden, die Scheibchen nicht auseinanderfallen lassen. Birnen mit der Schnittfläche nach unten auf den Teig setzen – kreisförmig angeordnet oder nach einem Muster Ihrer Wahl. Man muss die Birnen nicht in Scheiben schneiden, aber so lässt sich der Kuchen besser essen und sieht aus, als stammte er aus einer Patisserie. Mandelblättchen auf den Kuchen streuen. Bei 180 °C Ober- und Unterhitze 30 bis 35 Minuten lang backen. Nach 15 Minuten ein Stück Backpapier auf die Form legen, damit der Kuchen nicht zu braun wird.

SUPPE AUS MAIS MIT KREUZKÜMMEL, CHILI UND ZITRONE

Zutaten für 2 bis 3 Personen

4 Maiskolben (frisch, nicht vorgegart)
2 kleine Zwiebeln
Salz
2 EL Sonnenblumenöl
Wasser
100 g Schmand oder Sour Cream
½ TL Kreuzkümmel
Saft von ½ Zitrone
Chiliflocken nach Geschmack

Einmal schrieb mir ein Leser, er blättere sofort um, wenn er in der Zutatenliste eines Rezepts das Modegewürz Kreuzkümmel entdecke. Klar, verstehe ich, habe ich ihm zurückgeschrieben, immer diese dämlichen Food-Trends. Aber jetzt kann ich leider nicht anders, als dieses tolle Rezept für eine Maissuppe mit Zitrone, Chili und eben Kreuzkümmel vorzustellen. Tut mir leid, ich bin ein Modeopfer. Aber Kreuzkümmel, auch Kumin genannt, ist wirklich ein besonderes Gewürz. Es macht so viele Gerichte viel interessanter, dabei riecht es ein bisschen nach Männerschweiß. Ist das nicht originell?

So ein Maiskolben kann etwas unnahbar wirken, wenn er, in dicke Blätter gehüllt, an der Gemüsetheke des Supermarkts liegt. Aber er ist ganz leicht zu handhaben: Mit der Hand lassen sich die Blätter und Fäden abreißen. Die Maiskörner löst man vom Kolben, indem man den Kolben auf einem Schneidbrett aufstellt, gut festhält und längs mit dem Messer daran entlangschneidet. Um die restlichen Körner zu lösen, kann man die stumpfe Seite des Messers dicht am Kolben entlangführen. Zwiebeln schälen, hacken. Die Maiskörner zusammen mit Zwiebeln und einer großzügigen Prise Salz in Sonnenblumenöl in einem großen Topf anschwitzen. Unter Rühren ungefähr 5 Minuten lang dünsten, nicht anbrennen lassen. Ablöschen mit Wasser, so viel, dass der Mais gerade bedeckt ist. Das Ganze bei zugedecktem Deckel 20 Minuten lang köcheln lassen. Alles pürieren und durch ein Passiersieb streichen. Dazu braucht man etwas Geduld (und vor allem eben leider ein Passiersieb oder ein anderes feinmaschiges Sieb), aber der Schritt ist wichtig, weil die Häutchen, die die Maiskörner umgeben, nicht schmecken. Schmand unterrühren. Die Suppe abschmecken mit Salz, Kreuzkümmel, Zitrone und Chili und vielleicht noch mal erhitzen.

GEBRATENES HUHN MIT WEINTRAUBEN

Zutaten für 3 Personen

3 Hähnchenkeulen
Salz
etwas Olivenöl
1 TL Currymischung

1 Bio-Zitrone
4 Knoblauchzehen
4 Lorbeerblätter
300 g kernlose helle Weintrauben

Wenn der Sommer vorbeigeht, wird wieder geschmort. Aber nähern wir uns der gemütlichsten aller Jahreszeiten langsam. Dieses Hühnchen bekommt durch die Weintrauben noch etwas von der schwindenden Frische des Sommers ab. Das Rezept ist die Variante eines französischen Klassikers namens Cailles aux raisins, also Wachteln mit Weintrauben. Beim alten Paul Bocuse werden die Wachteln mit Speckscheiben umwickelt, in Butter gebraten, dann werden die Weintrauben geschält und mit einer feinen Nadel die Kerne aus den Früchten geholt. Das muss man heute nicht mehr, weil die Kerne aus der Weintraube auf ewig verschwunden sind, weshalb jüngere Menschen vielleicht gar nicht mehr wissen, wie es ist, wenn man inmitten eines saftigen Etwas auf diese elende Bitterkeit stößt. Ja, liebe Jugend, wir konnten noch was aushalten. Das Traubenproblem ist also gelöst. Dafür gestaltet sich die Suche nach einer Wachtel schwierig. Bei uns hier in Berlin-Mitte hat man kein Problem, wenn man zum Mittagessen Appetit auf gerösteten Seetang aus Korea hat. Einen Metzger sucht man aber vergeblich. Also gibt es ein Huhn aus der Fleischtheke von einem der zahllosen Biomärkte – ein sehr guter Wachtel-Ersatz.

Die Hühnerkeulen in eine Auflaufform geben und salzen. Olivenöl darübergeben sowie die Currymischung – auch die Unterseite des Fleischs damit einreiben. (Man kann die Mischung auch selbst machen, z. B. aus Kurkuma, Kumin, Curryblättern, Chili, Ingwer, Zimt, Pfeffer und Paprika.) Die Zitrone waschen und achteln, die Knoblauchzehen in der Schale mit der breiten Seite eines Messers andrücken, beides zusammen mit den Lorbeerblättern zum Huhn geben. 30 Minuten lang bei 200 °C Ober- und Unterhitze garen. Dann die gewaschenen und halbierten Trauben dazugeben und noch mal 15 Minuten garen.

HERBST

HÜHNERSUPPE

Zutaten für 2 bis 3 Personen

- 1 Stück frischer Ingwer
- 1 Lauchstange
- 1 kleines Bund frischer Koriander
- 400 g Hühnchenfleisch (Flügel und Keulen mit Knochen und Haut oder 1 ganzes kleines Suppenhuhn)
- 10 schwarze Pfefferkörner
- 2 Sternanis
- 1 Zimtstange
- 1 TL brauner Zucker
- 2 TL Salz
- 1 kleines Bund frischer Koriander
- 1 Prise Chiliflocken (oder klein geschnittene getrocknete Chilischote)
- 1,2 l Wasser
- 120 g dünne Reisnudeln
- 1 Handvoll frischer Spinat
- 5 Frühlingszwiebeln

Hühnersuppe selbst zu kochen, ist für die ältere Generation eine Selbstverständlichkeit. Die Jüngeren können mit diesem Rezept lernen, dass es einen grundlegenden Unterschied zwischen industriell und handwerklich hergestellten Lebensmitteln gibt. Ein Brühwürfel schmeckt nämlich ganz anders als eine Hühnersuppe. Man kann noch nicht einmal sagen: Eine selbst gemachte Hühnersuppe schmeckt viel besser als ein Brühwürfel. Das auch, aber sie schmeckt vor allem einfach anders, so unaufdringlich und fein, wie die Lebensmittelindustrie es niemals hinbekommen wird.

Ingwer schälen und in Scheiben schneiden. Lauch putzen, waschen und in Ringe schneiden. Koriander waschen, trocken schütteln und die Blättchen von den Stängeln zupfen. In einen großen Topf gibt man Hühnerfleisch, Pfeffer, Sternanis, die Zimtstange, Zucker, Salz, Ingwer, Lauch, Korianderstängel und Chili. Außerdem gießt man das Wasser hinzu. Das Ganze aufkochen, die Hitze herunterschalten und etwa 1 Stunde lang zugedeckt köcheln lassen. Brühe abseihen, mit Salz abschmecken. Die Haut vom Fleisch entfernen (sie wird nicht mitgegessen), das Fleisch vom Knochen lösen und in mundgerechte Stücke reißen. Nudeln separat gar kochen, abgießen. Spinat putzen, sehr große Blätter zerteilen, blanchieren, abschrecken. Hühnerfleisch, Nudeln und Spinat auf Suppenteller verteilen. Brühe dazugießen. In Ringe geschnittene Frühlingszwiebeln und gehackte Korianderblätter darüberstreuen.

PASTA MIT SALSICCIA

Zutaten für 4 Personen

1 kleine Zwiebel
1 kleine Karotte
1 Stange Sellerie
2 Knoblauchzehen
1 Handvoll Petersilie
500 g Salsiccia
Olivenöl
1 Lorbeerblatt
¼ TL Chiliflocken
1 EL Tomatenmark
Salz
100 ml Rotwein
800 g Dosentomaten
1 Prise Zimtpulver
1 Prise gemahlene Nelken
400 g Pasta
Parmesan

Die Kochbuchbranche scheint so verzweifelt auf der Suche nach Themen zu sein, dass es jetzt z. B. diesen Titel hier gibt: *Salz & Pfeffer: 80 neue Rezepte*. Das ist der misslungene Versuch, das Offensichtliche zu verbergen: dass es einfach kaum News in der Küche gibt. Was gestern gut war, ist auch heute noch gut und wird auch morgen noch gut sein. Nehmen Sie dieses Pastarezept, gucken Sie sich dieses süße karierte Tischtuch an: nichts Neues! Also machen Sie das Internet aus, gönnen Sie sich etwas Tradition. Der einzige Aufwand dieses Rezepts besteht darin, dass Sie eine Salsiccia besorgen müssen. Die italienische Wurst gibt es beim Metzger und in den teuren Feinkostläden, die Sie sonst vielleicht zu Recht meiden. Es handelt sich um eine mit Fenchel und Kräutern gewürzte Wurst.

Zwiebel schälen und fein hacken. Karotte putzen, schälen und klein würfeln. Sellerie waschen und in feine Scheibchen schneiden. Knoblauch schälen, andrücken, dann fein hacken. Petersilie waschen, trocken schütteln und Stängel sowie Blätter getrennt voneinander fein hacken. Nun entfernt man die Pelle der Salsiccia und brät den Inhalt in Olivenöl in einem Topf an. Das Wurstbrät mit einer Gabel zerteilen, sodass es gleichmäßig bräunt. Nach 5 Minuten Brät aus dem Topf nehmen und beiseitestellen. Im verbliebenen Fett Zwiebel, Karotte, Sellerie, Knoblauch, Petersilienstängel, Lorbeer, Chili und Tomatenmark anbraten. Salzen und 8 bis 10 Minuten lang unter regelmäßigem Rühren anschwitzen. Mit Rotwein ablöschen, Flüssigkeit weitgehend verdampfen lassen. Dann Dosentomaten und angebratene Salsiccia dazugeben. Zimt, Nelken und etwas Salz dazugeben. Die Soße ungefähr 1 Stunde lang bei niedriger Hitze zugedeckt köcheln lassen. Dazu passt eine kurze Pasta. Zum Schluss gehackte Petersilienblätter und geriebenen Parmesan darübergeben.

ROTWEINGELEE

Zutaten für ca. 4 Gläser

750 ml leichter Rotwein
500 g Gelierzucker (2 : 1)
6 Zweige frischer Rosmarin

Ich habe eine sozialverträgliche Möglichkeit gefunden, morgens schon Rotwein zu genießen: Ich koche ihn mit Zucker zu einem Gelee ein. Noch besser als morgens zum Butterbrot schmeckt so ein Gelee allerdings zu Käse nach einem Abendessen.
Im Prinzip besteht Rotweingelee tatsächlich nur aus Wein und Zucker, was zugegebenermaßen nicht besonders attraktiv klingt und das Gegenteil der beliebten Avocado-Quinoa-Küche ist. Aber so sollte man das nicht sehen. Weingelee schimmert schön rubinrot im Glas und schmeckt nach goldenem Herbst und irgendwie ein bisschen ungewöhnlich. Außerdem verkocht der Alkohol sowieso (glaube ich). Und ich gebe noch Rosmarinzweige dazu, die sind immerhin nicht komplett ungesund. Mögliche Zutaten wären auch Thymian, Zimt, Sternanis, Orangen- und Zitronenschale, Kardamom. Auch könnte man statt Rotwein einen weißen Süßwein nehmen, z. B. Sauternes, und nach demselben Prinzip vorgehen. Weißweingelee passt offenbar ganz besonders gut zu Gänsestopfleber. Genaueres kann ich dazu nicht sagen. Wer öffentlich zugibt, dass er gern Gänsestopfleber isst, bekommt ein Problem. Das Gute aber ist, dass man ja gar nicht alles, was man tut, öffentlich tun muss.
Den Rotwein, z. B. einen Spätburgunder, mit dem Zucker in einen Topf geben. Rosmarin waschen und trocknen, im Ganzen dazugeben. Alles aufkochen und 4 Minuten lang bei starker Hitze sprudelnd kochen. Gelierprobe machen: Man gibt einen Teelöffel vom heißen Gelee auf einen Teller und hält ihn schräg. Wird die Masse zähflüssig, ist das Gelee fertig. (Was die Garzeit betrifft, sollte man sich in jedem Fall vor dem Kochen die Kochanleitung auf der Zuckerpackung einmal durchlesen.) Die Rosmarinzweige herausfischen und das Gelee noch heiß in saubere Gläser füllen.

BERLINER ERBSENSUPPE

Zutaten für 6 Personen

1 Stängel frischer Majoran
200 g Bauchspeck
1 Zwiebel
500 g halbierte gelbe Schälerbsen
1,5 l Wasser
1 Lorbeerblatt
200 g Kartoffeln
1 Bund Suppengrün (Karotte, Lauch, Sellerie, Petersilie)
Salz
Pfeffer
Wiener Würstchen nach Belieben
Essig (z. B. Weißweinessig)
Weißbrot

Die Berliner Erbsensuppe ist ein Gericht, das viele Leute hassen. Dabei ist dieser Eintopf ein ganz normales, sogar ein wunderbares Essen. Eine Erbsensuppe enthält ein bisschen Fleisch, nicht zu viel, gesunde Hülsenfrüchte, die zudem günstig sind, und das schöne Kraut Majoran ist drin, für das man so selten Verwendung findet. Die Ablehnung könnte damit zu tun haben, dass die Erbsensuppe zu den verhunzten Klassikern gehört, die ich in meiner Kolumne in loser Folge vorstelle. Der Hass entsteht, wenn ein Essen oft sehr schlecht zubereitet gegessen wird, in Kantinen, Speisewagen und, im Fall der Erbsensuppe, aus der Gulaschkanone – irgendwann muss man einfach glauben, das Gericht selbst sei schlecht.
Natürlich gehört die Erbsensuppe auch zu den Opfern des Küchensnobismus, der in Deutschland in dem Moment Einzug hielt, in dem man herausgefunden hatte, wie das Wort Foie gras korrekt ausgesprochen wird. Aber das ist lange her. Jede Epoche hat ihre eigenen Herausforderungen. Freuen wir uns einfach darüber, dass wir unsere Erbsensuppe genießen können, ohne auch nur einen einzigen Gedanken daran zu verschwenden, warum die deutsche Esskultur halt so ist, wie sie ist. (Ob diese Erbsensuppe wirklich aus Berlin kommt, kann ich übrigens nicht mit Sicherheit sagen.)
Majoran waschen, trocken schütteln, die Blättchen abzupfen und diese hacken. Speck würfeln, Zwiebel schälen und hacken, zusammen in einem Topf anschwitzen. Erbsen dazugeben, kurz anschwitzen und dabei umrühren. (Halbierte Schälerbsen muss man vor dem Kochen nicht einweichen.) Mit Wasser ablöschen. Majoran und Lorbeer dazugeben. 45 Minuten lang bei geschlossenem Deckel köcheln lassen. Inzwischen Kartoffeln schälen und in 1 bis 2 cm große Würfel schneiden, Suppengemüse waschen, putzen und würfeln, Petersilie hacken, in den Topf geben. Eintopf salzen und pfeffern. Weitere 30 bis 40 Minuten köcheln lassen. Würstchen in Stücke geschnitten oder im Ganzen für die letzten Minuten der Garzeit dazugeben. Zum Schluss mit Essig abschmecken. Dazu Weißbrot servieren.

PASTA MIT LINSEN

Zutaten für 4 Personen

1 Karotte
1 Zwiebel
1 Stange Sellerie
1 Knoblauchzehe
etwas Olivenöl
80 g Pancetta oder anderer Speck
100 g Dosentomaten
200 g Linsen
ca. 1 l Gemüsebrühe oder Wasser
1 kleine rote Chilischote
3 Rosmarinzweige
350 g kurze Pasta
60 g Parmesan
Salz
Pfeffer

Manche meiner Ideen für diese Kolumne rufen bei den Kollegen Irritation hervor. Pasta mit Linsen – was soll das denn sein?! Meine Standardantwort in solchen Situationen: Das ist italienisch. Stimmt nicht immer, aber die Kritik verstummt sofort. Gegen die Kochkunst der Italiener traut sich niemand was zu sagen. Pasta mit Linsen ist wirklich ein Gericht der italienischen Küche, köstlich, wenn auch zugegebenermaßen etwas seltsam. Mir gefällt aber dieser eigensinnige Ansatz der italienischen Küche, die von allen auf der ganzen Welt geliebt wird.

Man muss für dieses Gericht Linsen verwenden, die eine Kochzeit von 30 bis 45 Minuten haben und die man nicht zuvor einweichen muss. Auch sollen es eher bissfeste Sorten sein, die beim Kochen nicht zerfallen, wie du Puy oder Beluga oder italienische Linsensorten.

Karotte, Zwiebel und Sellerie schälen bzw. waschen und fein schneiden, mit der geschälten Knoblauchzehe in einem großen Topf mit etwas Olivenöl erhitzen. 5 Minuten lang unter Rühren dünsten. Klein geschnittene Pancetta dazugeben, weiterdünsten. Wenn die Pancetta etwas Farbe angenommen hat, Tomaten unterrühren. Linsen unter kaltem Wasser abwaschen, hinzufügen. Etwa 500 ml Gemüsebrühe dazugießen. Chilischote waschen, putzen, fein hacken und unterrühren. Rosmarinzweige im Ganzen dazugeben. Alles zugedeckt bei mittlerer Hitze 30 Minuten lang köcheln lassen (bis die Linsen fast gar sind). Immer wieder nachsehen, ob genug Flüssigkeit im Topf ist – falls nicht, Brühe nachgießen. Dann Pasta hinzufügen, eventuell noch mal Brühe dazugießen, die Pasta weich kochen (was ungefähr 10 Minuten dauert, je nach Garzeit der Pasta). Parmesan reiben, unterrühren, Pasta bei geschlossenem Deckel ein paar Minuten lang ziehen lassen. Mit Salz und Pfeffer abschmecken. Auf Teller verteilen und je nach Geschmack noch mehr Parmesan darüberreiben.

ADAS POLO (PERSISCHES REISGERICHT MIT LINSEN UND ROSINEN)

Zutaten für 2 bis 3 Personen

170 g Basmatireis
75 g Linsen (z. B. du Puy)
Wasser
Öl
1 Zwiebel
Salz
250 g Rinder- oder Lammhackfleisch
50 g Rosinen
3 getrocknete Datteln (nach Belieben)
Pfeffer
1 Prise Safranfäden

Ich habe dieses persische Reisgericht zum ersten Mal gegessen, als ich ungefähr fünf Jahre alt war. Ich besuchte den Nachbarsjungen, Sohn iranischer Einwanderer. Sein Vater rief zum Essen, er hatte gekocht. Von kochenden Männern hatte ich zuvor noch nie gehört. In meiner Familie waren die männlichen Erwachsenen fürs *FAZ*-Lesen und das Vortragen langweiliger Anekdoten zuständig. Der Reis auf meinem Teller duftete, da entdeckte ich, dass sich zwischen den langen, weißen Reiskörnern Rosinen verbargen. Rosinen in einem Essen, das kein Müsli ist, ebenfalls vollkommen neu war das. Falls ich damals als Fünfjährige ein Fazit dieses Nachmittags gezogen haben sollte, lautete es wahrscheinlich: Was man für unumstößlich hält, ist manchmal nur Konvention. Im Iran wird ähnlich wie in Südostasien Reis auf raffinierte Weise gekocht. Dies ist die vereinfachte Version eines Adas Polo.

Reis 1 bis 2 Stunden in kaltem Wasser einweichen. Linsen in einem Topf mit Wasser bedecken und gar kochen. Öl in einer verschließbaren Pfanne (oder in einem gusseisernen Topf) erhitzen, Zwiebel schälen, in Streifen schneiden und darin anschwitzen. Etwas Salz dazugeben und insgesamt 20 Minuten lang bei niedriger Temperatur schmoren lassen. Herausnehmen und beiseitestellen. In derselben Pfanne das Hackfleisch scharf anbraten, bis es bräunt. Geschmorte Zwiebeln dazu sowie Rosinen, Datteln (falls verwendet), Salz und Pfeffer. Die gar gekochten Linsen hinzufügen und den abgegossenen (noch rohen) Reis. Alles vermengen. 300 ml heißes Wasser dazugießen. Die Pfanne mit einem Geschirrtuch abdecken, dann mit dem Deckel verschließen. 30 Minuten lang bei geringer Hitze köcheln lassen, nicht umrühren. Das Tuch nimmt die Feuchtigkeit auf, der Reis soll am Pfannenboden leicht ansetzen und braun und knusprig werden. Schließlich Deckel und Tuch abnehmen. Die in wenig heißem Wasser aufgelösten Safranfäden inklusive Einweichwasser dazugeben, das Ganze weitere 5 Minuten auf dem Herd lassen.

GEMÜSEBRÜHE – ALS PASTE

Zutaten für 4 Gläser

5 Karotten
8 Stangen Staudensellerie
2 Zwiebeln
3 Knoblauchzehen
2 Lauchstangen
1 Bund Petersilie
Salz

Ich pflege eine leidenschaftliche, zugegebenermaßen übertriebene Abneigung gegen Brühwürfel. Aber wie kann man in ein selbst gemachtes Essen einen riesigen Klumpen Industrie werfen? Es gibt natürlich auch ganz tolle Brühen, die man für zehn Euro das Glas in einer Lebensmittel-Boutique kaufen kann. Und man kann Brühe auch selbst machen und dann einfrieren. Allerdings habe ich es in meinem gesamten Kochleben noch nie hinbekommen, eine gute Brühe aus Gemüse zu kochen. Im besten Fall schmecken sie wässrig, meistens aber bitter. Kann sein, dass das an mir liegt. Jetzt bin ich auf ein Rezept für selbst gemachte Gemüsebrühe gestoßen – und zwar als Paste. Das Gemüse wird nicht gekocht, sondern püriert, Salz konserviert das Ganze. Ich habe es ausprobiert, es war ganz leicht. Ich koche jetzt abends nur noch Gemüsesuppe: Kürbis mit etwas von der Paste weich kochen, pürieren, einen Schuss Sahne dazu – fertig. So kann man auch mit Karotten verfahren oder Kartoffeln, Pastinaken, Linsen.

Für die Paste Karotten putzen, schälen und in 1 cm dicke Scheiben schneiden. Sellerie waschen und ebenfalls in Scheiben schneiden. Die Sellerieblätter hacken. Ebenfalls Zwiebeln und Knoblauch schälen und hacken. Lauch putzen, waschen und in schmale Ringe schneiden. Die Petersilie waschen, trocken schütteln, inklusive Stängel grob hacken. Das Gemüse jetzt wiegen, um zu berechnen, wie viel Salz man benötigt: 12 g pro 100 g Gemüse. Gemüse und Salz in einer Schüssel vermengen, 15 Minuten lang ziehen lassen. Es sollte dann etwas Wasser aus dem Gemüse getreten sein. Mit einem Pürierstab zu einer Paste mixen.
Die Schraubgläser zur Aufbewahrung sollten sterilisiert werden: Die offenen Gläser bei 180 °C 10 Minuten lang in den Ofen geben, abkühlen lassen. Paste einfüllen. Sie ist einige Monate lang haltbar. (Und nie mit einem benutzten Löffel ins Glas!, sagt die strenge Hausfrau.)

LASAGNE MIT RADICCHIO

Zutaten für 3 Personen

1 kleine Zwiebel
350 g Radicchio
etwas Olivenöl
Salz
Pfeffer
50 g Butter
50 g Mehl
500 ml Milch
1 Prise geriebene Muskatnuss
150 g Gorgonzola
60 g Parmesan
ca. 9 Lasagneblätter

Die Gemüselasagne wird ihren Ruf als WG-Party-Essen wohl nicht mehr los. Allerdings: Was ist eigentlich so schlimm an WG-Partys? Diese Leute wissen, worauf es ankommt im Leben, nämlich nicht immer aufs Essen. Ich habe versucht, die Lasagne etwas eleganter zu machen, indem ich Radicchio statt bunten Paprika-Mix und Brokkoli verwendet habe. Allerdings bleibt die Béchamelsoße, und, ja, das ist einfach das französische Wort für Mehlschwitze. Aber ich verspreche, die Lasagne schmeckt so gut, dass man die traurige Erkenntnis sofort wieder vergisst, wie schnell die eigene Jugend vorbeigegangen ist und wie extrem langweilig diese erwachsenen Pärchenabende mit Superessen oft sind.

Zwiebel schälen, fein hacken und in Olivenöl anschwitzen. Radicchiokopf halbieren, vom Strunk befreien, in feine Streifen schneiden, waschen und trocknen. Zur Zwiebel geben und 5 Minuten lang dünsten, bis die Blätter weich sind. Salzen, pfeffern. Für die Béchamelsoße Butter im Topf schmelzen, Mehl dazugeben und mit dem Schneebesen kräftig rühren. Milch dazugießen und unter Rühren so lange erhitzen, bis sie eindickt. Salzen und mit Muskatnuss abschmecken. Gorgonzola würfeln, Parmesan reiben. Mit etwa einem Viertel der Béchamel den Boden einer Auflaufform bedecken. (Meine hat eine Breite von 20 und eine Länge von 27 cm. So passen genau drei Lasagneblätter nebeneinander. Sollte die Form etwas kleiner sein und die Blätter sich etwas überlappen, ist es wahrscheinlich auch nicht schlimm.) Auf die Soße drei Blätter nebeneinander schichten, dann die Hälfte des Radicchiogemüses darauf verteilen. Es folgt eine Hälfte der Gorgonzolawürfel, ein weiteres Viertel der Béchamel, wieder drei Lasagneblätter – diese etwas andrücken, damit die Luft entweicht. Dann: Der restliche Radicchio, der restliche Gorgonzola, ein Viertel Béchamel, drei Pastablätter, leicht drücken, der Rest Béchamel, Parmesan. Wenn man die Reihenfolge durcheinanderbringt: Macht nichts! Hauptsache, obendrauf ist Parmesan. Bei 180 °C 30 bis 40 Minuten lang im Ofen backen.

RISOTTO MIT RADICCHIO, GORGONZOLA UND WALNÜSSEN

Zutaten für 2 bis 3 Personen

1 mittelgroße Zwiebel
1 Kopf Radicchio (ca. 150 g)
Olivenöl
Salz
170 g Risottoreis
150 ml Weißwein
Pfeffer
400 ml Wasser (oder Brühe)
80 g Gorgonzola
30 g Butter
30 g Parmesan
30 g Walnusskerne

Folgendes Problem bei diesem Rezept: Es ist wieder mal ein Risotto. Da es Leute geben soll, die keinen Risotto mögen, will ich gern einen alternativen Radicchio-Vorschlag machen: Man brät den geachtelten Radicchio mit etwas Butter und einer gehackten kleinen Zwiebel in der Pfanne 10 Minuten lang an, legt ihn in eine Auflaufform, gibt ein bisschen Olivenöl, Salz und Pfeffer darüber und verteilt darauf Käsewürfel seiner Wahl – Gorgonzola oder auch Fontina, Scamorza, Taleggio, Gouda. (Gouda ist nur ein Witz, weil mir die Vorstellung gefällt, dass die Küchensnobs jetzt zu ihrem Riechsalz greifen – hat sie wirklich Gouda gesagt?!) Dann kommt das Ganze bei 180 °C in den Ofen, fertig nach 30 Minuten. Es ist eines dieser wunderbaren kleinen Abendessen, nach denen man sich eine Butterstulle zubereitet, weil man sonst nicht satt wird. Warum also nicht gleich einen Risotto?

Zwiebel schälen, fein hacken. Radicchiokopf halbieren, vom Strunk befreien, in feine Streifen schneiden, waschen, abtropfen lassen. Olivenöl in einem Topf erhitzen, Zwiebel dazu, salzen und unter Rühren 5 Minuten lang dünsten. Reis hinzufügen, einen Moment mitdünsten, dabei nicht anbrennen lassen. Radicchio in den Topf geben. Umrühren, bis die Blätter zusammenfallen. Mit Weißwein ablöschen, noch mal salzen, pfeffern. Die Flüssigkeit einkochen lassen. So viel Wasser dazugießen, dass der Reis bedeckt ist. Wieder einkochen lassen, dabei rühren. Diesen Vorgang so oft wiederholen, bis der Reis gar ist – ungefähr 20 Minuten lang. (Falls 400 ml Wasser nicht reichen, etwas mehr nehmen; falls nicht alle Flüssigkeit verkocht ist, wenn der Reis gar ist, verwendet man weniger als die angegebene Menge.) Den Topf vom Herd nehmen, gewürfelten Gorgonzola, Butter und frisch geriebenen Parmesan unterrühren. Die grob zerkleinerten Walnüsse in einer Pfanne ohne Fett anrösten, Risotto damit garnieren. (Ich lasse die Walnüsse oft aber einfach weg.)

APPLE CRUMBLE

Zutaten für 4 Personen

1 kg Äpfel
100 g Zucker (plus 1 Prise)
1 EL Wasser
100 g Mehl
75 g Butter
50 g Haferflocken
1 Prise Salz

Vielleicht bin ich naiv, aber ich glaube, die Welt wäre besser, wenn die Leute mehr Apple Crumble äßen. Alle bösen Gedanken fallen von einem ab, wenn einem dieser süße, warme Duft von Apfel, Karamell und Butter in die Nase steigt. Es ist der Duft nach Kindheit und Geborgenheit – selbst wenn man gar keine kochende Mutter hatte. Eine Kugel Vanilleeis schmilzt über diesen herrlichen Streuseln und man ist für mindestens ein paar Momente mit der Welt versöhnt. Vielleicht ein guter Snack für den nächsten AfD-Parteitag? *An apple crumble a day keeps the Fremdenhass away.* Das Rezept ist die Variation eines Rezepts von Nigel Slater. Er hat, glaube ich, ungezählte Apple-Crumble-Rezepte veröffentlicht. Er ist ja ein wichtiger Vertreter des therapeutischen Kochens mit viel Butter und Zucker.

Den Ofen auf 200 °C vorheizen. Die Äpfel nicht schälen, aber waschen und vierteln. Das Kerngehäuse entfernen, dann die Schnitze einmal längs durchschneiden. In einem Topf mit 1 Prise Zucker und dem Wasser 5 Minuten lang dünsten. In der Zwischenzeit Mehl und Butter in eine Schüssel geben, mit den Händen verkneten, bis die Mischung krümelig wird. Haferflocken und restlichen Zucker dazugeben sowie das Salz unterkneten. Man kann an dieser Stelle mal nachsehen, was man so alles im Gewürzregal findet: Muskatnuss schmeckt zu Äpfeln, gemahlene Nelken passen auch, Zimt zu Äpfeln ist sowieso ein Klassiker, Vanille bietet sich an, Anis ist interessant. Aber all das ist nur Beiwerk, nicht notwendig, um mit einem Apple Crumble tiefes Glück zu erleben. Die gekochten Äpfel in einer feuerfesten Form verteilen. Hafer-Mehl-Butter-Mischung gleichmäßig darauf verteilen. Den Apple Crumble 30 Minuten lang im Ofen backen.

HÜHNCHENSALAT MIT APFEL UND SELLERIE

Zutaten für 3 bis 4 Personen

2 Hühnerschenkel
2 Hühnerbrustfilets
Wasser
5 Pimentkörner
5 Pfefferkörner
2 Lorbeerblätter
2 mittelgroße Äpfel
2 Stangen Staudensellerie
2 EL Mayonnaise
Salz
Pfeffer
2 EL Essig (z. B. Weißweinessig)
½ Bund Schnittlauch

Ein Hain mit Apfelbäumen vor dem Haus ist wunderschön, aber zur Erntezeit im Herbst kommt es vielen Gartenbesitzern so vor, als habe eine Apfelflutkatastrophe sie heimgesucht. Die Bäumchen stehen das ganze Jahr friedlich herum, doch von September an bewerfen sie ihre Besitzer mit ihren Früchten. Bei manchem reicht der Vorrat bis zum darauffolgenden Frühjahr. Es müssen also Apfelrezepte her. Weil Apfelbaumhalter, so nehme ich an, jedes Apfelkuchenrezept schon kennen, das die menschliche Kultur hervorgebracht hat, und auch Apfelgelee nicht mehr sehen können, hier einmal etwas ganz anderes: ein Salat. Zugegebenermaßen werden dafür nicht mehr als zwei Äpfel gebraucht, aber wenn man morgens schon einen Apfel im Müsli und nachmittags vielleicht noch ein oder zwei Stück Tarte Tatin gegessen hat, arbeitet man sich doch langsam und stetig durch den Apfelberg.

Hühnerschenkel und -brust in einen Topf geben, mit Wasser bedecken. Piment- und Pfefferkörner und Lorbeerblätter hinzufügen, das Wasser aufkochen, Hitze herunterschalten, die Flüssigkeit ungefähr 15 bis 30 Minuten lang bei mittlerer Hitze köcheln lassen. Dann sollte das Fleisch gar sein. Herausnehmen, einen Augenblick lang abkühlen lassen. Fleisch in ca. 2 cm große Stücke reißen und in eine Salatschüssel geben. Die Äpfel waschen, von Kerngehäusen befreien und fein würfeln. Selleriestangen waschen und in dünne Scheibchen schneiden. Beides zum Huhn geben. Der Salat wird mit Mayonnaise, Salz, Pfeffer und Essig angemacht. Gut durchmischen. Am Ende Schnittlauch waschen, hacken und dazugeben. Salat 30 Minuten lang ziehen lassen und schließlich noch mal abschmecken.

LAMM MIT PFLAUMEN

Zutaten für 3 Personen

3 EL Mandeln
1 Zwiebel
2 Knoblauchzehen
1 Stück Ingwer (ca. 2 cm groß)
etwas Sonnenblumenöl
500 g Lammschulter (vom Metzger in Würfel geschnitten)
Salz
Wasser
ca. 12 getrocknete Pflaumen ohne Stein
2 EL flüssiger Honig
300 g Joghurt
Schale von 1 Bio-Limette oder -Zitrone

Dieser von der marokkanischen Küche inspirierte Lammeintopf ist, was die Zutaten betrifft, praktisch eine Art Früchtebrot, wie man es im Advent in Süddeutschland isst: Mandeln, Pflaumen, Honig. Das Gericht enthält aber Fleisch, das seine Herrlichkeit der dunklen Soße schenkt. Diese am Schluss aus seinem Teller zu löffeln ist das Ziel der Unternehmung. Viel Aufwand für ein bisschen Soße, könnte man meinen. Aber auch in der Küche gibt es Romantiker, für die so etwas wie Mühe gar nicht existiert, wenn sie zu einem noch so kurzen Moment von großem Glück führt. Ich verwende praktisch keine Gewürze für dieses Gericht, weil man sie meiner Meinung nach nicht benötigt. Aber wer will, gibt Koriander, Safran und Zimtstangen dazu.

Zunächst die Mandeln blanchieren, und zwar so: in eine kleine Schüssel geben, mit kochendem Wasser übergießen, ungefähr 5 Minuten lang warten. Dann kann man die Mandeln aus der Schale drücken (eine seltsam befriedigende Tätigkeit). Zwiebel schälen und in Streifen schneiden. Knoblauch und Ingwer schälen und klein hacken. Sonnenblumenöl in einem großen, schweren Topf erhitzen. Fleisch darin von allen Seiten anbraten, bis es etwas Farbe angenommen hat. Die Mandeln, die Zwiebel, den Knoblauch und den Ingwer dazugeben. (Das wäre nun der richtige Moment, die Gewürze hinzuzufügen.) Salzen und unter Rühren ungefähr 5 Minuten lang alles dünsten. Wasser dazugießen, sodass das Fleisch gerade bedeckt ist. Topf abdecken, das Fleisch ungefähr 1 Stunde lang köcheln lassen. Etwas Wasser hinzugießen, falls das Fleisch am Topfboden anzusetzen droht. Schließlich Pflaumen in den Topf geben, das Ganze noch mal 30 Minuten lang schmoren. Zum Schluss Honig unterrühren und nachsalzen. Es passt Couscous dazu, unter den man etwas Butter rühren kann. Auch Brot. Besonders gut schmeckt dazu auch eine aus Naturjoghurt und fein gehackter Zitronenschale zusammengerührte Soße.

SELLERIESUPPE MIT ETWAS VANILLE

Zutaten für 4 Personen

1 Knollensellerie (geschält ca. 1 kg)
1 Kartoffel
1 Zwiebel
160 g Butter
1 l kochendes Wasser
6 Pimentkörner
Stängel von ½ Bund Petersilie
2 bis 3 Thymianzweige
1 Lorbeerblatt
ein paar schwarze Pfefferkörner
1 TL Salz
1 l heißes Wasser
100 g Sahne
Mark von ½ Vanilleschote

Einmal hat Wolfram Siebeck mich eingeladen, mit ihm auf seiner Burg gemeinsam etwas zu kochen. Nach dreieinhalb Jahren Kochkolumne der Ritterschlag! Ich habe Ja gesagt. Ich hätte ihm auch gern verkündet, dass meine Kolumnen aus dreieinhalb Jahren gerade als Buch erschienen waren – etwas, worauf ich natürlich ein bisschen stolz bin. Ich habe mein Buch Siebeck gegenüber dann doch nicht erwähnt, denn er hält, stellte sich heraus, überhaupt nichts von meinen Kochkünsten. Aber ich bin eine gelehrige Schülerin. Ich habe ihm dabei zugesehen, wie er zusammen mit seiner unglaublich netten Frau Barbara ein Kartoffelpüree abschmeckte. Sinngemäß sagte er so etwas zu mir wie: Schätzchen, niemals bei der Butter sparen! Dieses Prinzip habe ich bei dieser Selleriesuppe sofort angewendet. Das Wässrige geht, das Aroma kommt, wenn man ordentlich Butter dazugibt.

Zuerst Sellerie und Kartoffel schälen und in 1 cm große Würfel schneiden. Zwiebel schälen, in Streifen schneiden. Die Hälfte der Butter in einen großen Topf geben, zerlassen, das Gemüse darin anschwitzen, ungefähr 4 Minuten lang, dabei häufig umrühren. Kochendes Wasser dazugeben (sodass die Selleriewürfel gerade bedeckt sind) sowie Piment, die klein geschnittenen Stängel der Petersilie, Thymian, Lorbeer, Pfefferkörner, Salz. Das Ganze 40 Minuten lang bei mittlerer Hitze zugedeckt köcheln lassen. Thymian, Piment, Lorbeer, Pfefferkörner herausfischen. Eventuell noch mal salzen. Abseihen und den Fond aufbewahren. Die restliche Butter zu den weich gekochten Selleriewürfeln geben, fein pürieren. Sahne dazugießen sowie nach und nach den Fond – bis die Suppe die gewünschte Konsistenz hat. Zum Schluss die Vanille unterrühren.

SELLERIESUPPE MIT SAFRAN

Zutaten für 6 bis 8 Personen

1 kg Sellerieknollen
1 große Zwiebel
30 g Butter
Salz
1 l Wasser
½ TL Safranfäden
200 g Schlagsahne
etwas Zitronensaft

Sellerie und Safran: Diese Suppe besteht aus einem sehr günstigen Gemüse, das mit einem sehr teuren Gewürz aromatisiert wird. Mir kommt es so vor, als sei das eine ganz besondere Spielart des Snobismus, dessen Regeln ich aber leider nicht begreife. Wie auch immer, mir schmeckt diese Suppe einfach. Zumal Butter und Sahne drin sind, und um an diesen beiden Zutaten Gefallen zu finden, muss der Gaumen nicht geübt sein.

Für die Suppe die Sellerieknollen schälen und in 2 cm große Würfel schneiden. Zwiebel schälen, hacken und in Butter in einem großen Topf anschwitzen. Salzen und ungefähr 5 Minuten lang unter Rühren dünsten. Dann Sellerie dazugeben und mit Wasser ablöschen. Eine großzügige Prise Salz hinzufügen. 15 bis 20 Minuten lang bei geschlossenem Deckel köcheln lassen, bis die Selleriestücke weich sind. Das Gemüse abgießen, den Fond auffangen. Die Safranfäden im Mörser zerstoßen und zum Sellerie geben. Sellerie pürieren, die Sahne und so viel von dem Fond dazugeben, dass eine Suppe entsteht. (Meistens ist das der gesamte Fond.) Mit Salz und Zitronensaft abschmecken.

Und was macht man mit dem Safran, der übrig bleibt? Hier ein paar Vorschläge: einen extravaganten Kartoffelsalat. Eine Bouillabaisse (aber ohne mich, ich weiß halbwegs, wie es geht, kriege es aber trotzdem nicht hin). Einen Kuchen – es gibt z. B. im Libanon einen Grießkuchen namens Sfouf. Safran passt auch gut zu Blumenkohl, und wo Blumenkohl ist, ist Ottolenghi nicht fern. Er löst die Fäden in ein wenig heißem Wasser auf, reibt damit und mit ein bisschen Olivenöl die Blumenkohlröschen ein und gibt diese dann mit roten Zwiebeln und Sultaninen in den Ofen.

SÜSSER KÜRBIS

Zutaten für 4 Personen

600 g Hokkaido-Kürbis
150 g Zucker
50 ml Wasser
1 Zimtstange
Saft von ½ Zitrone
150 g Crème fraîche
2 bis 3 EL Sesam

In den Küchen des Orients findet man nichts dabei, aus Fleisch und Gemüse Süßspeisen zuzubereiten. Es gibt einen marokkanischen Kuchen, der mit Puderzucker und Taubenfleisch gefüllt ist, was erstaunlich gut schmeckt. Kürbis isst man im Libanon mit Rosenwasser und in der Türkei ist er ein gewöhnliches Dessert. Ich halte Kürbisnachtische hier bei uns für integrationswillig und -fähig. Mithilfe der zugewanderten Rezepte wäre es uns möglich, unseren Gemüseverzehr zu steigern, was uns aus eigener Kraft seit Jahren ja nicht gelingt. Und wenn man genügend Zucker verwendet, vergisst man sowieso, dass der Kürbis ein Gemüse ist: Er ist weich, schön bunt und also perfektes *dessert material*.

Kürbis waschen, entkernen und in 5 cm große Würfel schneiden – nicht schälen. Kürbis und Zucker in einen Topf geben, 2 Stunden lang ziehen lassen. Wasser hinzufügen, Zimtstange auf den Kürbis legen. Man kann an dieser Stelle mit zerstoßenen Kardamomsamen, gemahlenen Nelken oder einer Vanilleschote experimentieren. Das Ganze langsam erhitzen, 20 Minuten lang bei mittlerer Hitze zugedeckt köcheln lassen. Ab und zu umrühren, der Kürbis darf nicht anbrennen. Die Flüssigkeit ist zum Schluss zu einem Sirup eingedickt, der Kürbis ist weich, fällt aber nicht auseinander. Etwas abkühlen lassen, Zimtstange entfernen. Zitronensaft über den Kürbis träufeln. Zum Servieren auf Teller verteilen, etwas von dem Sirup darübergießen. Crème fraîche hinzugeben. Das Ganze mit Sesam bestreuen.

PASTA MIT KÜRBIS UND PILZEN

Zutaten für 3 Personen

500 g Kürbis (Butternuss)
1 Knoblauchzehe
4 Stängel glatte Petersilie
100 g frische Pilze wie Shiitake, Maronen, Steinpilze, Kräuterseitlinge
20 g getrocknete Steinpilze
warmes Wasser
Olivenöl
Salz
Pfeffer
1 EL Essig
300 g Pasta
Parmesan zum Servieren

Gern hätte ich an dieser Stelle geschrieben, wie köstlich doch der gute alte Champignon schmeckt und dass wir alle verwöhnt sind, weil wir nur noch Edel- und Waldpilze essen wollen, am besten selbst gesammelt. Aber dann habe ich bei Rewe eine Packung »Pilzmischung« gekauft, in der sich neben einem winzigen Austernpilz acht weißhäutige Champignons befanden, worüber ich mich so aufgeregt habe, dass ich dachte: Dieser dämliche Champignon schmeckt aber auch einfach nicht. Oder doch? Was macht man Gutes mit Champignons? Ich bitte um Tipps! Für dieses Pastarezept verwende ich jedenfalls keine Champignons, sondern Shiitake, Maronen, Kräuterseitlinge und/oder ein paar Steinpilze vom Wochenmarkt, was mir sowieso ein guter Kompromiss zwischen Rewe und Essen-selbst-Sammeln zu sein scheint.

Kürbis schälen, entkernen und in Würfel schneiden. Knoblauch schälen und hacken. Petersilie waschen, trocken schütteln, die Blättchen abzupfen und diese hacken. Frische Pilze säubern, putzen und je nach Größe halbieren oder vierteln. Getrocknete Pilze in warmem Wasser einweichen. In einer Pfanne Öl, Knoblauch und Kürbis erhitzen, salzen und pfeffern. Zugedeckt kochen, bis der Kürbis weich ist. Petersilie unterrühren. Beiseitestellen. Das Wasser aus den eingeweichten Pilzen drücken, Pilze hacken, in einer zweiten Pfanne mit Olivenöl erhitzen. Die frischen Pilze dazugeben, salzen und pfeffern. Essig und etwas von dem Einweichwasser dazugießen, das Ganze zugedeckt gar kochen, was ungefähr 7 bis 10 Minuten dauert. Falls zwischenzeitlich zu wenig Flüssigkeit in der Pfanne sein sollte, kann man noch etwas Essig und Einweichwasser nachgießen. Während die Pilze garen, die Pasta in Salzwasser kochen – gut schmecken kurze Nudeln wie Orecchiette. Am Ende den Kürbis unter die Pilze rühren. Pasta und Soße auf Teller verteilen und geriebenen Parmesan darüberstreuen.

WALNUSS-KAROTTEN-BROT

Zutaten für ein Brot

500 g Dinkelvollkornmehl
1 Päckchen Trockenhefe (7 bis 9 Gramm)
2 TL Salz
375 ml lauwarmes Wasser
100 g Karotten
100 g Walnusskerne

Ich habe die Paleo-Diät ausprobiert, bei der man auf Milchprodukte und Getreide verzichtet. Dafür isst man Fleisch, Nüsse und Gemüse. Ich habe keine Veränderung an mir festgestellt. Ich war müde wie immer, habe weder ab- noch zugenommen. Ich weiß nicht, wie die anderen das machen: Sie hören auf, Milch zu trinken, und fühlen sich wie ein neuer Mensch. Dabei ist es doch wie mit neuen Frisuren: Kurz glaubt man, alles wäre möglich, bis man feststellt, dass man leider immer noch man selbst ist, nur mit Ponyfransen. Eine Veränderung habe ich aber bemerkt. Brot hat plötzlich eine sehr wichtige Rolle in meinem Leben gespielt. Sehnsüchtig stand ich vor den lieblosen Auslagen der U-Bahn-Backshops. Abends vor dem Einschlafen und morgens beim Aufwachen habe ich an Brot gedacht. Bis ich feierlich wie beim Fastenbrechen Mehl, Hefe, Wasser zusammengerührt und dieses Walnussbrot gebacken habe. Ich schnitt es noch warm auf und ließ Butter darauf schmelzen. Es war ein Fest. Immerhin ist dieses Brot übrigens vegan, das Rezept stammt aus dem Buch *Vegan backen* (GU).

Mehl, Hefe und Salz in einer Schüssel mischen. 375 ml lauwarmes Wasser zugießen, alles mit einem Holzlöffelstiel grob verrühren. Teig abgedeckt an einem warmen Ort 3 Stunden gehen lassen. Karotten schälen und fein reiben. Walnusskerne grob hacken. Beides unter den Teig heben. Teig mit etwas Mehl bestreuen, mit bemehlten Händen auf einen bemehlten Bogen Backpapier (30 × 30 cm) geben und zu einem runden Laib formen. Abgedeckt weitere 45 Minuten gehen lassen. 15 Minuten vor dem Backen Ofen auf 220 °C vorheizen. Eine feuerfeste Form mit 100 ml Wasser auf den Boden des Ofens stellen. Eine weitere hitzebeständige Form auf einen Backrost (untere Schiene) stellen. Darin soll das Brot backen, zunächst aber soll die Form vorwärmen. Den rohen Brotlaib auf der Oberseite kreuzweise einschneiden. Mit dem Backpapier in die vorgewärmte Form setzen. 45 bis 50 Minuten backen. Das Brot ist fertig, wenn es sich beim Klopfen hohl anhört.

ZWIEBELMARMELADE

Zutaten für 2 Gläser

700 g Zwiebeln
60 g Butter
1 TL Salz
1 TL Zucker
Pfeffer

Es wird mir immer ein Rätsel bleiben, wie aus fünf einfachen Zutaten so etwas Besonderes wie diese süße und zugleich würzige Zwiebelmarmelade entstehen kann. Die Magie des Kochens ist einfach noch ein bisschen magischer für Menschen, die keine Ahnung von Chemie haben. Die Zwiebelmarmelade kann man z. B. zum Steak essen. Aber am besten schmeckt sie zur schönsten deutschen Mahlzeit, nämlich der Käsestulle (oder wie auch immer man dazu in den verschiedenen Regionen des Landes sagt). Das Rezept für die Zwiebelmarmelade stammt aus einem etwas in die Jahre gekommenen amerikanischen Kochbuch. Der Autorin ist es sehr wichtig, dass ihre Leser nicht zu dick werden. Immer wieder ermahnt sie dazu, nicht zu viel zu essen und auch auf den Fettgehalt von Mahlzeiten zu achten. Für dieses Rezept nimmt sie beispielsweise nur ganz wenig Butter, doch die Zubereitungstechnik ist so durchdacht, dass die Butter trotzdem herauszuschmecken ist. Dieser leicht tantenhafte Ansatz des Rezepteschreibens gefällt mir gut! Aber ich will eine nette Tante sein und habe den Butteranteil hier verdoppelt.

Zwiebeln schälen und in dünne Streifen schneiden. In einer beschichteten Pfanne Butter erhitzen, Zwiebeln und die Hälfte vom Salz hinzufügen, alles vermengen. Die Pfanne zudecken. Die Zwiebeln 15 Minuten lang bei niedriger Hitze dünsten, bis sie Flüssigkeit abgegeben haben. Deckel von der Pfanne nehmen, Temperatur erhöhen und Zwiebeln bei mittlerer Hitze 10 Minuten lang weitergaren, oft umrühren. Die Flüssigkeit verdampft währenddessen. Zucker in die Pfanne streuen, alles noch mal 10 Minuten garen, das Umrühren nicht vergessen. Zum Schluss das restliche Salz dazugeben sowie den Pfeffer.

PASTA MIT ZWIEBELN UND ANCHOVIS (BIGOLI IN SALSA)

Zutaten für 2 Personen

4 mittelgroße Zwiebeln
Olivenöl
100 ml Weißwein
8 Anchovis in Öl
Pfeffer
250 g Spaghetti
Salz
etwas Petersilie

Vielleicht sollte ich auch mal Gerichte aus Peru oder Laos oder anderen attraktiven Weltregionen vorstellen. Aber abgesehen davon, dass ich keine solchen Rezepte kenne, verliert die italienische Küche für mich nicht ihren Reiz. Mir gefällt das leicht Altmodische, also die Arglosigkeit im Umgang mit Kohlenhydraten und Milchprodukten und die Abwesenheit von Avocado und Chia-Samen. Außerdem kann ich immer noch Gerichte entdecken, die in Italien anscheinend üblich sind, für mich aber völlig neu. Diese Pasta kommt aus Venedig. Dort bin ich schon gewesen, aber meine kulinarische Erinnerung wird von 20-Euro-Cappuccinos dominiert.

Zwiebeln und Anchovis verbinden sich in dieser Pastasoße zu einem wundersamen Dritten: einer Creme, die man vielleicht als vollmundig bezeichnen kann, wobei das wohl einfach der gastrosprachliche Ausdruck für »beglückend« ist. Man braucht Geduld, die Zwiebeln müssen ganz zerkochen, also richtiggehend schmelzen. Dann verlieren sie die Schärfe und schmecken leicht süß. Bigoli sind etwas dickere Spaghetti, die man in Deutschland nicht so leicht findet, weshalb ich Spaghetti nehme.

Zwiebeln schälen und in feine Streifen schneiden. Den Boden einer Pfanne mit Olivenöl bedecken, Zwiebeln darin anschwitzen. Mit Weißwein ablöschen. Bei mittlerer Hitze ohne Deckel weich dünsten, was ungefähr 30 Minuten dauert. Wenn die Zwiebeln geschmolzen sind, Anchovis dazugeben. Weiterdünsten, bis die Filets sich aufgelöst haben. Pfeffern. Pasta aufsetzen. 3 Minuten vor Ende der Garzeit Spaghetti vom Topf in die Pfanne heben. Zwei Kellen vom Nudelwasser dazugeben und Flüssigkeit einkochen lassen, bis die Nudeln gar sind. Eventuell salzen. Vor dem Servieren gehackte Petersilie unterheben.

BOUILLABAISSE

Zutaten für 4 Personen

1 Rotbarbe
1 Dorade
5 Schalotten
1 Stange Lauch
1 Karotte
6 Champignons
1 Fenchelknolle
150 g Kirschtomaten
ca. 100 ml Pflanzenöl
100 ml Noilly Prat
100 ml Pernod
400 ml Fischfond
250 g Miesmuscheln in der Schale
1 Lorbeerblatt
30 g Fenchelsaat
30 g Anissaat
1 Sternanis
etwas Safran
Salz
Pfeffer
1 Orange
1 Zitrone
50 g Butter
50 ml Olivenöl
weißer Balsamico
etwas Mehl, um die Filets anzubraten

Ginge es nach dem Restaurantführer *Guide Michelin*, träfe man sich samstags zum Abendessen mit Freunden in Baiersbronn. Dorf-Deutschland ist natürlich schön, aber in Städten gibt es schöne kleine Restaurants wie das 3 Minutes sur Mer in Berlin-Mitte. Dort machen die Kellner keine großen Worte, die Servietten sind aus Papier und die Leute am Nebentisch offensichtlich betrunken. Einen Stern bekommt man dafür nicht. Für eine perfekte Bouillabaisse, das Spezialgericht des Restaurants, auch nicht, denn innovativ ist daran eigentlich nichts.

Die Fische filetieren. Die Karkassen, die Knochen, braucht man für den Ansatz, die Filets kommen zum Schluss in die Suppe. (Man kann auch beim Händler Filets kaufen und ihn bitten, die Karkassen mitzugeben.) Gemüse je nach Bedarf schälen, waschen, putzen und in walnussgroße Stücke schneiden, Tomaten halbieren und in einem großen Topf in etwas Pflanzenöl hellbraun dünsten. Noilly Prat und Pernod hinzufügen, sirupartig einkochen lassen. Mit Fischfond auffüllen, die Karkassen der Fische, die Muscheln und Gewürze hinzufügen. 20 Minuten köcheln lassen, durch ein Sieb passieren. Die gar gekochten Muscheln herausnehmen, beiseitestellen. Den Sud in einen anderen Topf geben, mit Safran, Salz, Pfeffer, Zitronen- und Orangensaft abschmecken. Butter, Olivenöl, weißen Balsamico mit dem Mixstab untermixen. Filets mit Mehl bestäuben, in der Pfanne auf der Hautseite im restlichen Öl knusprig braten. In tiefen Tellern mit den Muscheln anrichten, mit dem Bouillabaissesud bedecken.

ROSENKOHL MIT PILZEN UND SPECK

Zutaten für 3 bis 4 Personen

700 g Rosenkohl
150 g Speck
1 bis 2 Schalotten
4 Knoblauchzehen
350 g Pilze (Steinpilze, Pfifferlinge, Kräuterseitlinge und/oder Shiitake)
2 EL Oliven- oder Rapsöl
Salz
Pfeffer
3 EL Essig
Saft von ½ Zitrone

Viele Leute haben eine Meinung zu Rosenkohl, sogar eine leidenschaftliche Meinung: Die einen hassen und die anderen lieben ihn. Aber der Rosenkohl polarisiert nicht, wenn er gebraten oder im Ofen gebacken wird. Dann hat er nämlich nicht diesen kohligen Geschmack, der lange nach dem Kochen noch in der Wohnung hängt und den viele nicht mögen. Stattdessen schmecken die Röschen nussig und fast ein bisschen süß. So kann man eine ganz neue Seite an einem Gemüse entdecken, das man schon lange kennt. Dem gebratenen Rosenkohl begegnet man jetzt auch auf der Lunchkarte in der Cafeteria des Museum of Modern Art in New York. Ich persönlich freue mich, dass das Gemüse nun auf diese Weise die Anerkennung bekommt, die es verdient. Ich möchte nur festhalten, dass ich den Rosenkohl schon geliebt habe, als er zerkocht neben einem trockenen Stück Fleisch auf meinem Teller lag. Für mich muss er nicht so tun, als wäre er etwas Besseres, aber ich respektiere es, dass er offenbar nach Höherem strebt.

Für dieses vom MoMA inspirierte Rezept Rosenkohl putzen und vierteln. Speck würfeln. Schalotte(n) und Knoblauch schälen und hacken. Pilze putzen, dann je nach Größe halbieren oder vierteln. Nun wird Öl in der Pfanne erhitzt, darin brät man den Rosenkohl ungefähr 5 bis 8 Minuten lang. Aus der Pfanne nehmen und beiseitestellen. In derselben Pfanne Speck anbraten, ungefähr 5 Minuten lang. Dann Schalotte und Knoblauch dazu, salzen und großzügig pfeffern. Den Essig unterrühren und weitere 5 Minuten dünsten. Pilze dazugeben und etwa 5 bis 8 Minuten bei geschlossenem Deckel dünsten, bis sie gar sind. Falls Flüssigkeit fehlt und das Ganze anzubrennen droht, noch etwas Essig dazugießen. Rosenkohl wieder dazugeben, mit Zitronensaft abschmecken, sofort servieren.

CURRY MIT SÜSSKARTOFFELN UND KICHERERBSEN

Zutaten für 2 bis 3 Personen

1 EL Kokosöl
1 TL Kumin (ungemahlen)
3 kleine Zwiebeln
1 Stück Ingwer (ca. 2 cm groß)
1 kleine Chilischote ohne Kerne
Salz
700 g Süßkartoffeln
1 Dose geschälte Tomaten
1 Dose Kichererbsen
500 ml Wasser
Schale von 1 Orange
saure Sahne oder Naturjoghurt

Ernährungstrends sind besonders durchsetzungsstark, wenn sie möglichst unglaubwürdig sind. Nehmen wir das Beispiel der Süßkartoffel, die gerade so beliebt ist. Jeder weiß, dass man Kartoffeln nur in überschaubarem Maße zu sich nehmen soll, wenn man nicht dick werden will. Das Gemüse aber, das wie die Kartoffel heißt und zusätzlich mit dem Präfix »süß« versehen ist, soll supergesund sein. Angeblich lässt die Süßkartoffel im Gegensatz zur normalen Kartoffel den Blutzuckerspiegel nicht in die Höhe schnellen. Ob es stimmt – könnte sein, ich weiß es nicht. Ich habe den Überblick verloren. Das Besondere an diesem Curry ist jedenfalls nicht sein glykämischer Index. Vielmehr ist es ein Wunder, wie die Zutaten gemeinsam etwas schaffen, was sie allein nie hinbekämen. Sie fügen sich zu etwas Größerem, Schönerem zusammen, einem samtigen, erdigen und zugleich frischen, fein säuerlichen Ganzen.

Kokosöl (oder ein neutrales Pflanzenöl) in einem Topf heiß werden lassen. Kumin darin anrösten. (Es lohnt sich, Kumin zu verwenden, der nicht gemahlen wurde – sieht ähnlich aus wie Kümmel und hat einen ganz eigenen Geschmack.) Die Zwiebeln schälen und in feine Streifen schneiden, den Ingwer schälen, zusammen mit der Chilischote fein hacken und dazugeben. Salzen und alles etwa 5 Minuten lang dünsten. Inzwischen die Süßkartoffeln schälen, in etwa 2 cm große Würfel schneiden und in den Topf geben. Dosentomaten hinzufügen und mit dem Kochlöffel sanft zerdrücken. Dann folgen die Kichererbsen. Schließlich 500 ml Wasser dazugießen. Den Topf zudecken, und alles bei mittlerer Hitze ungefähr 35 Minuten lang köcheln lassen. Zum Schluss rührt man die fein gehackte Orangenschale unter. Das Curry mit etwas saurer Sahne oder Naturjoghurt servieren.

KOKOSCURRY MIT KARTOFFELN

Zutaten für 3 bis 4 Personen

700 g Rindfleisch (aus der Schulter)
1 Zwiebel
4 Knoblauchzehen
1 Stück Ingwer
1 kleine rote Chilischote
1 kg Kartoffeln (festkochend)
2 TL Kokosöl oder ein anderes Pflanzenfett
1 TL gemahlene Kurkuma
1 TL gemahlener Koriander
2 Dosen Kokosmilch
2 Lorbeerblätter
Salz
1 Handvoll frischer Koriander
Jasminreis
etwas Butter

Huch! – Dieses Gericht enthält ja gar kein Gemüse. Dafür aber Fleisch, und es gibt gleich zwei Beilagen dazu: die Kartoffeln, die mitgeschmort werden, weshalb sie ihre ganze Kohlenhydratepracht entfalten können und wunderbar wachsweich werden. Außerdem Jasminreis, der noch besser schmeckt, wenn man ein Stück Butter hineinrührt. (Gebutterter Reis: meine Sucht, das Leben kann so einfach sein.) Und spricht eigentlich etwas dagegen, ein kühles Bierchen dazu zu trinken? Sie entscheiden!

Das Fleisch in 2 cm große Würfel schneiden. Zwiebel, Knoblauch und Ingwer schälen, fein hacken. Chili putzen, waschen und fein schneiden. Die Kartoffeln schälen und in ungefähr 2 bis 3 cm große Stücke schneiden. Das Kokosöl in einem großen Topf schmelzen lassen, das Fleisch darin einen Augenblick lang anbraten. Nach ungefähr 5 Minuten Zwiebel, Knoblauch, Ingwer und Chilischote dazugeben. Dann folgen Kurkuma und Koriander. Ich finde, mehr Gewürze braucht es nicht, aber man kann natürlich auch ein Currypulver oder noch weitere Gewürze hinzufügen wie z. B. zerdrückte Kardamomsaat, eine Zimtstange, zerstoßene Pimentkörner, gemahlene Nelken … Unter Rühren alles einen Augenblick lang weiterdünsten. Kartoffeln in den Topf geben. Mit Kokosmilch aufgießen, die Lorbeerblätter hinzufügen. Salzen. Alles ungefähr 1 Stunde lang zugedeckt köcheln lassen. Mit Salz abschmecken. Am Ende ein wenig gehackten Koriander darüberstreuen.

GEBACKENER KÄSE MIT KARTOFFELN UND SPECK (TARTIFLETTE)

Zutaten für 6 bis 8 Personen

1 kg Kartoffeln
Salz
3 Zwiebeln
etwas Butter
150 ml Weißwein
150 g Speckwürfel
schwarzer Pfeffer
300 g Reblochon (oder ein anderer gereifter Weichkäse aus Kuhmilch)

Ich weiß nicht, warum die Natur es so eingerichtet hat, dass unser Körper viel mehr Energie aufnehmen kann, als er verbraucht. Dieses Gericht – Tartiflette genannt – ist kalorienmäßig gut geeignet, wenn man den ganzen Tag Ski fahren war oder auf dem Bau arbeitet. Aber ich habe festgestellt: Es schmeckt auch sehr gut, wenn man den ganzen Tag herumgesessen hat und sich nur, wenn es gar nicht anders ging, erhoben hat. Eine treue Leserin hat mir das Rezept geschickt – vielen Dank! Ich habe die Tartiflette mehrmals ausprobiert und an verschiedenen Personen getestet, und ich kann sagen: Ich habe Leute jedes Maß verlieren sehen. Es könnte gut sein, dass im Paradies ein Engel wartet, der einem jederzeit ein Gericht aus geschmolzenem Käse, Speck, Zwiebeln und Kartoffeln zubereitet. Etwas Zeit in die Suche nach der Kartoffelsorte Linda zu investieren lohnt sich, denn die schmeckt am besten, kräftig und sogar ein bisschen süß. Auch der Käse sollte gut sein, ein gereifter, kräftiger Weichkäse aus Kuhmilch, am besten ein Reblochon. Aber auch wenn Sie noch nie davon gehört haben, dass es überhaupt verschiedene Kartoffeln und Weichkäsesorten gibt, werden Sie mit diesem Gericht glücklich werden.

Die Kartoffeln mit Schale in Salzwasser gar kochen. Abgießen, abkühlen lassen und schälen. Zwiebeln schälen, in Streifen schneiden. In einer Pfanne etwas Butter zergehen lassen, die Zwiebeln darin anschwitzen. Salzen und mit Weißwein ablöschen. Pfanne zudecken, die Zwiebeln ungefähr 25 Minuten lang dünsten. In einer anderen Pfanne Speck anbraten, mit den Zwiebeln vermengen, eine großzügige Prise Pfeffer unterrühren. Die Hälfte dieser Mischung in einer Auflaufform verteilen. Die Kartoffeln in 1 cm dicke Scheiben schneiden und in die Form geben, es folgen die restlichen Zwiebeln. Käse in Tortenviertel (oder einfach in große Tortenstücke) zerteilen und dann längs halbieren. Mit der Schale (die essbar sein sollte) nach oben auf die Kartoffel-Zwiebel-Mischung legen. Bei 180 °C 30 Minuten lang backen.

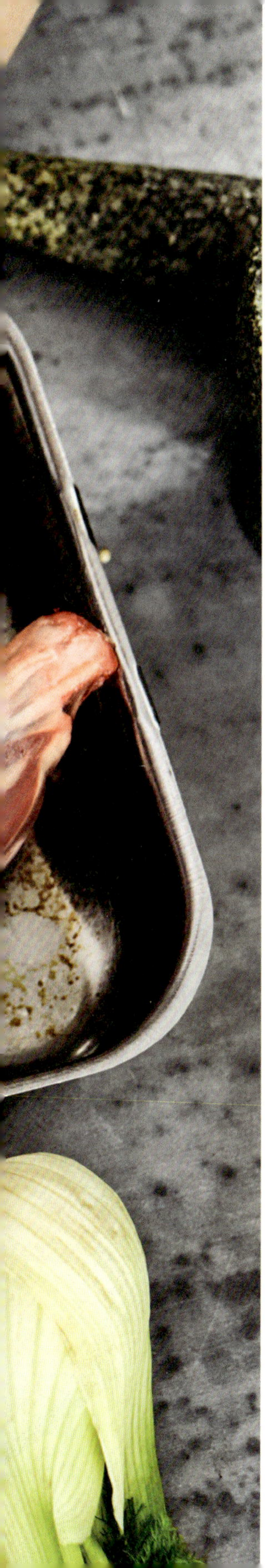

WINTER

CASHEWNÜSSE MIT CHILI

Zutaten für ein Blech

140 g Cashewnüsse
1 TL gemahlener Kreuzkümmel
1 Prise Chilipulver
etwas Zucker
etwas Salz
20 g zerlassene Butter
1 TL Sonnenblumenöl
abgeriebene Schale von 1 Bio-Zitrone

Anfang Dezember beginnt die Zeit des Jahres, in der ich mir auf dem Rückweg vom Mittagessen in die Redaktion auf einem der unzähligen trashigen Berliner Weihnachtsmärkte gebrannte Mandeln kaufe. Da ich weiß, dass Sie, lieber *Wochenmarkt*-Leser, einen feinen Gaumen haben und so etwas nie tun würden, will ich Ihnen ein anderes Rezept für die Zubereitung von Nüssen vorschlagen. Man kann Cashewkerne mit ein paar Gewürzen im Ofen backen, dazu passt ein Glas Alkohol, Bier, Champagner, Wein, Whiskey, Gin, Cocktails, eigentlich alles. Denken Sie daran, wenn das nächste Mal Leute zum Adventskaffee und zum Plätzchenessen vorbeikommen wollen.

Alle Zutaten bis auf die Zitronenschale in einer Schüssel vermengen. Abschmecken: Fehlt Salz? Fehlt Schärfe? Fehlt Süße? Sie entscheiden. Nüsse auf einem mit Backpapier ausgelegten Blech verteilen. Bei 160 °C backen. Währenddessen ab und zu wenden, sodass sie gleichmäßig bräunen. In meinem Backofen brauchen die Nüsse exakt 18 Minuten, bis sie fertig sind. Weil jeder Backofen anders ist, sollte man ab Minute 12 immer wieder nachsehen, ob nichts verbrennt. Wenn man die Cashews aus dem Ofen holt, sind sie noch etwas weich, mit dem Abkühlen werden sie knusprig. Dann ist der Moment gekommen, in dem man den Abrieb der Zitrone unterrührt.

CROSTINI ALLA FIORENTINA

Zutaten für 3 Personen

½ Zwiebel
50 g Butter
400 g Hühnerleber
1 EL Sherry
1 EL Kapern
4 Sardellenfilets
Salz und Pfeffer
ein paar Scheiben Weißbrot

Dezember ist *der* Monat für Menschen, die die Stille und das Nichtstun nicht ertragen können. Was gibt es nicht alles zu tun? Holzkrippen aufstellen, Plätzchen backen, Geschenke für sämtliche Familienmitglieder, Freunde und entfernte Bekannte besorgen. Nie sind die To-do-Listen voller als im Dezember. Für Stresstrinker kann ein starker Drink am Abend bald zur Gewohnheit werden. Ich schlage Negroni vor, einen Cocktail aus Gin, Campari und Vermouth. Man trinkt ihn in Florenz als Aperitif. Dazu gibt es diese Crostini alla Fiorentina, Hühnchenleber auf Toast. In Italien geht man nach einer Stunde oder so nach Hause und isst was Schönes. Ich denke, man muss das nicht so streng halten und kann auch den ganzen Abend lang aperitivo machen.

Zwiebel schälen, in feine Streifen schneiden. In einer Pfanne Butter zerlassen – Hühnchenleber ist fettarm, weshalb ein bisschen Butter nicht schaden kann. Zunächst die Zwiebel in der Pfanne ein paar Augenblicke lang glasig dünsten. Hühnchenleber von Häuten befreien, klein schneiden und zu den Zwiebeln geben. Mit Sherry ablöschen, die Leber nicht länger als 20 Minuten lang dünsten. Aus der Pfanne nehmen und fein hacken, sodass eine grobe Paste entsteht. Kapern und Sardellenfilets hacken und unterrühren. Mit Salz und Pfeffer abschmecken. Man kann die Leber auch noch mal kurz in der Pfanne erhitzen, bevor man sie auf getoasteten Weißbrotscheiben verteilt.

MINESTRONE

Zutaten für 6 bis 8 Personen

- Olivenöl
- 1 Zwiebel
- 2 Knoblauchzehen
- 2 Karotten
- 2 Selleriestangen
- 2 Lauchstangen
- ½ Bund Basilikum
- 2 Thymianzweige
- Salz
- Pfeffer
- Wasser
- 3 kleine Kartoffeln
- 150 g geschälte Tomaten
- 250 g weiße Bohnen aus der Konserve (z. B. Cannellini)
- 1 Stück Parmesan (die Rinde aufbewahren)
- 200 g Pasta (z. B. Muschelnudeln)
- 200 g Wirsing

Kurz vor Weihnachten kann eine Mahlzeit ohne Fleisch und Zucker nicht schaden. In den USA sind die Leute inzwischen so fett, dass ihnen Gemüse wie Medizin verschrieben wird. Statt Medikamente, die die Symptome des Übergewichts behandeln, bekommen adipöse Patienten im Harlem Hospital Center in New York Essensmarken, um sie auf dem Wochenmarkt einzutauschen. So weit soll es mit uns nicht kommen. Man muss nicht jedes Plätzchen essen, das einem angeboten wird.

Zwiebel schälen, in Streifen schneiden. Knoblauch schälen und hacken. Sellerie und Lauch putzen, waschen und klein schneiden. Basilikum waschen, trocken schütteln, die Blätter von den Stielen zupfen – Stiele hacken. In einem großen Topf Olivenöl erhitzen. Vorbereitetes Gemüse zusammen mit Thymian und etwas Salz und Pfeffer anschwitzen. Hitze herunterschalten, die Gemüsemischung 20 Minuten lang unter regelmäßigem Rühren dünsten. Wasser dazugießen, sodass das Gemüse knapp bedeckt ist. Außerdem geschälte, klein geschnittene Kartoffeln, Tomaten und abgegossene Bohnen dazu sowie die Rinde eines Parmesanstücks. 30 Minuten lang zugedeckt köcheln lassen. Dann Pasta und in Streifen geschnittenen Wirsing dazu, 10 Minuten weiterköcheln lassen. Parmesanrinde und Thymianzweige entfernen. Die Suppe auf Teller verteilen, etwas Olivenöl darübergeben, geriebenen Parmesan und klein gehackte Basilikumblätter darüberstreuen.

ENTENRAGOUT

Zutaten für 2 bis 3 Personen

2 Entenkeulen à 350 bis 400 g
25 g getrocknete Pilze (Steinpilze, Shiitake o. a.)
1 Karotte
2 Stangen Sellerie
1 kleine Zwiebel
1 EL Tomatenmark
1 Lorbeerblatt
1 Zweig Rosmarin
ein paar Zweige Thymian
200 ml Rotwein
Salz
Pfeffer
3 EL Entenleber
etwas Butter
etwas Schale 1 Bio-Orange
Pasta (z. B. Pappardelle)
Parmesan

Vor Weihnachten sammelt man viele schöne Rezeptvorschläge für Heiligabend und die Feiertage und vergisst leicht, darüber nachzudenken, was man wirklich essen will. Deshalb hier ein Vorschlag: eine Pasta. (Wenn man eine Kochkolumne schreibt, bekommt man mit der Zeit ein Gefühl dafür, was die Leute wirklich essen wollen – nämlich nicht unbedingt das, von dem sie behaupten, dass sie es wollen.) Das hier ist eine aufwendigere Pasta, die man nicht alle Tage macht, eine Weihnachtspasta also.
Man beginnt mit dem Auslösen der Entenkeulen. Diese Arbeit ist ein bisschen ungewohnt und mühsam, aber nicht uninteressant. Chirurgen und Tierärzte sind im Vorteil. So geht's: Zunächst mit den Händen und mithilfe eines Messers die Haut von der Keule abziehen. Dann am Knochen entlang einschneiden, mit dem Messer den Knochen vom Fleisch befreien. Hilfreich ist es, wenn das Messer gut geschärft ist. Haut, Fett und Sehnen entfernen und das Fleisch in 1 cm große Stücke zerteilen. Haut und Fett in Würfel schneiden und in einen Topf mit schwerem Boden geben, erhitzen, sodass das Fett flüssig wird. Nach 5 Minuten die Haut aus dem Topf nehmen. (Man kann sie in Würfel schneiden, die man dann in einer Pfanne weiter auslässt, bis sie knusprig werden – mit Salz und Pfeffer würzen, schmeckt wie Chips.) Inzwischen getrocknete Pilze in warmem Wasser einweichen. Karotte putzen, schälen und würfeln. Sellerie waschen, putzen, Zwiebel schälen und beides fein schneiden.
Im flüssigen Fett Karotte, Sellerie und Zwiebel anschwitzen. Tomatenmark, Entenfleisch, Knochen, Lorbeer und Kräuter zum Gemüse geben. Unter Rühren alles ein paar Minuten lang anbraten. Rotwein hinzufügen, kurz einkochen lassen. Die eingeweichten Pilze klein hacken und in den Topf geben. Salzen und pfeffern. Das Ragout ungefähr 45 Minuten lang zugedeckt köcheln lassen. Sollte das Fleisch noch nicht zart sein, weitere 15 Minuten auf dem Herd lassen. Entenleber in Butter anbraten, salzen, fein hacken und die letzten 10 Minuten mitgaren. Gehackte Orangenschale hinzufügen. Mit Pasta und gehobeltem Parmesan servieren.

SCHWÄBISCHER SAUERBRATEN MIT PASTINAKENPÜREE

Zutaten für 8 Personen

Für den Braten
4 Zwiebeln
2 Gewürznelken
2 TL Pimentkörner
2 TL Wacholderbeeren
2 TL schwarze Pfefferkörner
4 Lorbeerblätter
250 ml Rotweinessig
2 l Rotwein
1,5 kg Rindfleisch (Tafelspitz)
2 Karotten
etwas Butter
etwas Pflanzenöl
Salz

Für das Püree
1,3 kg Pastinaken
Salz
Wasser
120 ml Sahne
ca. 100 g Butter
2 EL Honig

Nie hätte ich geglaubt, dass ich mal Siebecks Nachfolge antreten würde, hätte man es mir vorhergesagt, als ich ein verpeilter Teenager war und mein erstes Weihnachtsmenü aus dem *ZEITmagazin* nachkochte (ich glaube, Reh). Allerdings sehe ich mich auch nicht als Nachfolgerin von Siebeck: Siebeck war Siebeck, und ich bestücke eine Rezeptseite – vollkommen unterschiedliche Jobs. Ein paarmal im Jahr bekomme ich noch Mails: Warum sind Ihre Rezepte so schlecht, wir wollen Siebeck zurück! Ich weiß, es tut mir leid. Hier mein tapferer Vorschlag für Weihnachten: Sauerbraten, und zwar schwäbisch. Das heißt ohne Rosinen. (Das Rezept stammt von Vincent Klink, ganz allein traue ich mich nicht, nächstes Jahr vielleicht.)

Zwei Zwiebeln schälen, in Streifen schneiden. Im Mörser Nelken, Piment, Wacholder und Pfeffer etwas andrücken, in eine Schüssel geben. Lorbeer, Essig und Rotwein dazu, kurz durchrühren, Fleisch einlegen. Mit Frischhaltefolie abdichten. Im Kühlschrank tagelang marinieren. Wie viele Tage? Wenn das Fleisch schon gut abgehangen ist, 5 Tage; wenn es ganz frisch ist, 10 bis 14. (Der Metzger weiß Bescheid.) Fleisch aus der Marinade nehmen, trocken tupfen. Marinade durchs Sieb abgießen, die Flüssigkeit auffangen. Die übrigen zwei Zwiebeln und die Karotten schälen, grob schneiden. Butter und Öl im Schmortopf erhitzen, Fleisch von allen Seiten anbraten, Gemüse dazugeben und anschwitzen. Mit so viel Marinade ablöschen, dass das Fleisch 2 cm hoch in der Flüssigkeit liegt. Salzen. Hitze reduzieren, alles zugedeckt 3 Stunden lang schmoren. Falls nötig, währenddessen mehr Marinade dazugießen. Fleisch aus dem Topf heben, die Soße pürieren – am besten entfernt man die Karotten und gibt sie einzeln wieder dazu, so viele, bis die Soße eine sämige Konsistenz hat.

Für das Püree Pastinaken putzen, schälen und in grobe Stücke schneiden. Diese in Butter kurz andünsten, mit Wasser knapp bedecken. Salzen, zugedeckt 15 bis 20 Minuten lang weich kochen. Pürieren, Sahne, Butter und Honig unterrühren.

DIP AUS WEISSEN BOHNEN MIT FENCHELSAMEN

Zutaten für eine Vorspeise für 4 Personen

1 ½ TL Fenchelsamen
1 Dose oder Glas weiße Bohnen (400 g)
1 Knoblauchzehe
1 TL abgeriebene Bio-Zitronenschale
50 ml Olivenöl,
1 TL Salz
schwarzer Pfeffer
2 TL Zitronensaft

Ist das etwa eine Konservendose auf dem Foto? Ja. Und ja: Ich koche manchmal mit konservierten Nahrungsmitteln. Ich weiß, für manche ist es das Ende der Welt, wie sie sie kannten, denn wohin soll es mit unserem Land gehen, wenn jetzt sogar Rezeptkolumnisten aus der Dose kochen? Aber ich bin eben nachsichtig, mit mir selbst und den Kochenden. Ich denke, man darf heute schon stolz sein, wenn man sich nicht ausschließlich von Cornflakes und Sandwiches und dem Zeug ernährt, das einem am Bahnhof als Essen verkauft wird. Ich könnte mir aber vorstellen, dass man für dieses Gericht auch getrocknete Bohnen verwenden kann. Man müsste sie wohl über Nacht einweichen, bevor sie dann in viel Wasser gar gekocht werden.

Getrocknet oder aus der Dose, die weiße Bohne ist wegen ihrer Vergangenheit als Cowboyessen nicht wohlgelitten in der vornehmen Küche, aber ich finde, es gibt nichts an ihr auszusetzen. Sie müsste der kichererbsensüchtigen Gesellschaft, die wir sind, doch eigentlich sehr gefallen. In einer beschichteten Pfanne ohne Fett die Fenchelsamen rösten, bis sie duften. Das dauert ungefähr 1 bis 2 Minuten. (Man sollte auf keinen Fall bis zur Rauchentwicklung warten.) In einem Mörser fein zerstoßen. In einer Schüssel Fenchelsamen, abgetropfte Bohnen, geschälten Knoblauch (wenn man will), Zitronenschale und -saft zu einer Masse pürieren. Dann langsam das Öl hinzugießen und dabei den Pürierstab weiterlaufen lassen. Zum Schluss abschmecken mit Salz, schwarzem Pfeffer und Zitronensaft.

Zu Weißbrot und Rohkost wie Fenchel, Karotten und Gurken ist der Dip eine gute Vorspeise. In einem italienischen Restaurant habe ich neulich gebratenen Löwenzahn zu einem Püree aus weißen Bohnen gegessen. Mit im Ofen gebackenem Kürbis, Süßkartoffeln und/oder Pastinaken wird aus dem Mus ein kleines, aber schönes Abendessen.

GRIECHISCHE HÜHNERSUPPE MIT ZITRONE UND REIS (AVGOLEMONO)

Zutaten für 4 Personen

1 große Karotte
1 Lauchstange
1 kleine Zwiebel
1 kg Hühnerfleisch (Keulen und Flügel)
2 l Wasser
Salz
2 Eier
Saft und abgeriebene Schale von 2 kleinen Bio-Zitronen
150 g weißer Reis (z. B. Jasminreis)
schwarzer Pfeffer
Olivenöl

Ende Dezember: Das sind die Tage der Einkehr und der Stille, oder anders ausgedrückt, die Tage, in denen man das deutliche Gefühl hat, zu viel gegessen zu haben. Aber man kann ja nicht einfach damit aufhören. Was also tun? Diese Hühnersuppe ist schlank und blass, außerdem schmeckt sie frisch dank Zitrone – sie ist das Gegenteil von einem Weihnachtsmarkt, sozusagen. Die Zubereitung kostet etwas Zeit, aber die hat man zwischen den Jahren ja.

Karotte putzen, schälen und in grobe Stücke schneiden. Lauch putzen, waschen, das Weiße und Hellgrüne in Hälften teilen. Zwiebel schälen und halbieren. Fleisch, Karotte, Lauch und Zwiebel mit dem Wasser zum Kochen bringen. 45 bis 60 Minuten lang köcheln lassen, bis das Fleisch ganz durchgegart ist. Das Fleisch aus dem Topf nehmen, abkühlen lassen, dann mit der Hand vom Knochen lösen und beiseitestellen. Karotte, Lauch und Zwiebel aus dem Fond entfernen. Den Fond weitere 30 Minuten lang etwa auf die Hälfte der Flüssigkeit einkochen. Dann mit Salz abschmecken. Das Besondere an dieser Suppe ist zum einen, dass sie mit Ei gebunden wird, was sie sämig, aber nicht schwer macht. Zum anderen wird der Reis direkt in der Suppe gekocht, was ebenfalls zu ihrer Cremigkeit beiträgt. Zunächst die Eier mit Zitronensaft gründlich verquirlen. Dann etwa 250 ml heißen Hühnerfond sehr langsam in die Ei-Mischung rühren – am besten beginnt man, den Fond esslöffelweise dazuzugießen. Es geht darum, die Eier langsam zu erhitzen, damit sie nicht stocken. In der Zwischenzeit den Reis in den verbliebenen Fond einrühren. Nach ungefähr 5 Minuten das Hühnerfleisch dazugeben. Alles weitere 5–10 Minuten lang kochen, bis der Reis weich und das Fleisch erhitzt ist, dabei ab und zu umrühren. Schließlich die Ei-Zitronen-Mischung zur Suppe geben, alles noch mal unter Rühren aufkochen, die Suppe sollte dann cremig und leicht angedickt sein. Auf Teller verteilen, mit Pfeffer und nach Geschmack mit fein gehackter Zitronenschale bestreuen, eventuell etwas Olivenöl darübergeben.

SZEGEDINER GULASCH

Zutaten für 4 Personen

400 g rote Paprikaschoten
1 Zwiebel
Sonnenblumenöl
600 g Rindergulasch
250 ml Wasser
1 Prise Salz
1 TL Kümmel
1 TL mildes Paprikapulver
1 TL biber salçası (türkisches Paprikamark)
1 Lorbeerblatt
300 g Sauerkraut aus dem Beutel
1 Becher Schmand

Gulasch ist das richtige Essen für die Zeit zwischen den Jahren, wenn ich persönlich das Haus nicht verlasse. Aber ich wollte mal nicht von mir erzählen, sondern eine Kochkolumne schreiben, wie es sich gehört. Ich wollte Ihnen, liebe Leser, also gern erklären, woher so ein Gulasch geografisch und kulturell stammt. Aber wenn man herauszufinden versucht, was die genaue Definition eines Gulaschs ist, stellt man fest, dass praktisch alles, was in einem Topf gekocht wird, Gulasch genannt werden darf. Es muss noch nicht mal Paprika drin sein. Dafür gibt es Gulasch mit Eiern, Bohnen, Kartoffeln und Gurken. Es wird sich also wohl niemand daran stören, wenn ich in dieses Gulasch, das ich wegen des Sauerkrauts als Szegediner Gulasch bezeichne, türkisches Paprikamark gebe. Man findet die Paste unter dem Namen *biber salçası* in türkischen Supermärkten. Sie ist mild und macht ein Gulasch würziger sowie auch alle möglichen anderen Gerichte und Soßen. Und um wieder zu meinem Lieblingsthema, also mir selbst, zu kommen: Ich weiß gar nicht, warum ich nicht viel häufiger im türkischen Supermarkt einkaufe. Es gibt dort alles, was man braucht, außer Schweinefleisch. Zudem sind die Märkte viel günstiger und man wird nie gefragt, ob man Treueherzen sammelt.

Für das Gulasch Paprika entkernen, waschen und in Streifen schneiden. Zwiebel schälen und ebenfalls in Streifen schneiden. Öl in einem Topf erhitzen. Das Fleisch darin kurz anbraten, aus dem Topf nehmen, beiseitestellen. Im verbliebenen Fett Paprika und Zwiebel anschwitzen, umrühren, damit nichts anbrennt. Mit Wasser ablöschen. Salz, Kümmel, Paprikapulver, Paprikamark, Lorbeer und das angebratene Fleisch dazugeben. Sauerkraut abtropfen lassen, in den Topf geben. 1 ½ Stunden lang bei geschlossenem Deckel köcheln lassen. Mit Schmand und vielleicht ein paar Pellkartoffeln servieren.

ROTE-BETE-ROHKOSTSALAT

Zutaten für 4 Personen

500 g Rote Beten
1 Schalotte
Salz
Pfeffer
2 TL scharfer Senf
Olivenöl
Essig
gehackter Dill

Wie lässt sich das Gefühl am besten beschreiben, das sich Anfang Januar bei vielen einstellt? Vielleicht so: Sehnsucht nach Aufgeräumtheit und Neuanfang. Oder so: Man will jetzt fett- und zuckerarm essen. Erfahrungsgemäß vergeht diese Sehnsucht relativ bald, aber dass in diesen ersten Wochen des Jahres Verstand und Empfindung dasselbe wollen, kann man ja ausnutzen. Hier also ein Rezept für einen Rote-Bete-Rohkostsalat, das ich von meinem persönlichen Vorbild Mark Bittman, dem langjährigen Kochkolumnisten der *New York Times*, übernommen habe. Seine Rezepte sind immer einfach nachzukochen, haben etwas Besonderes und sind komplett frei vom genreüblichen Geschwurbel. Außerdem sind sie auf dezente Weise gesund. Vor ein paar Jahren hat Bittman ein Konzept erfunden, das er *Eat vegan before 6* nennt. Es ging ihm darum, die pflanzlichen Anteile seiner Ernährung deutlich zu erhöhen. Also aß er bis 18 Uhr vegan, danach, was er wollte. Er nahm einige Kilo ab und war seinen Prädiabetes los. Inzwischen ist er Mitbegründer eines Start-ups: The Purple Carrot liefert einem frische Zutaten für eine Gemüsemahlzeit nach Hause, das Rezept kommt von Bittman. Leider wird dieser Service nur in den USA angeboten. Vielleicht könnte ich so ein Start-up für den deutschen Markt gründen: *Wochenmarkt für zu Hause* oder so ähnlich. Investoren, bitte melden!

Für den Salat die Beten schälen und per Hand oder elektrisch raspeln (die Streifen sollten dabei nicht breiter als 3 mm sein). Schalotte schälen, fein hacken. Beides in einer Schüssel mit Salz, Pfeffer, Senf, Öl und Essig vermengen. Gehackten Dill (und/oder andere frische Kräuter) dazugeben. Den Salat ungefähr 30 Minuten lang ziehen lassen, noch mal abschmecken. Man kann, wenn man will, zu den Beten auch ein Stück Ingwer in den Salat reiben. Ingwer ist der Lebertran der heutigen Zeit: Er gilt als unglaublich gesund und schmeckt auch so, nämlich nicht nur angenehm – als puste ein frischer, aber starker Wind durch einen hindurch.

GRAUPENSALAT MIT ROTER BETE

Zutaten für 4 Personen

300 g Rote Beten
Wasser
150 g Graupen
Salz
1 Handvoll glatte Petersilie
2 TL Meerrettich (frisch gerieben oder aus dem Glas)
2 TL scharfer Senf
schwarzer Pfeffer
etwas Olivenöl
Weißweinessig (oder eine andere Sorte)
Pfeffer
ein paar Spritzer Zitronensaft
150 g Fetakäse

Rote Bete ist ein Wunder, an dem wir achtlos vorbeigehen. Wie schafft sie es innerhalb der wenigen Monate, in denen sie heranwächst, aus der Erde eine derartige Farbkraft und geschmackliche Intensität zu gewinnen? So schwer ist ihr Aroma, als wäre das kein Saft, der aus ihr herausläuft, sondern echtes Blut. Man kann das Eisen richtiggehend schmecken, von dem sie so viel enthält, als wäre sie wirklich ein Tier. Und süß ist sie auch, sodass manche Schokoladenkuchen damit backen (ich nicht). Ich verarbeite sie zum Salat, der außerdem Graupen enthält. Auch so ein übersehenes Lebensmittel, das durch Hungersnöte gerettet hat, sich für unschön Klingendes wie Schleimsuppen und Grützwurst zur Verfügung stellt und zum Dank Herablassung bekommt: Ungerechter, treuloser Mensch hat nur noch Augen für Pasta. In der Hoffnung, doch noch die Anerkennung eines übersatten, gelangweilten Publikums zu bekommen, führt dieser Salat ein kleines Spektakel auf, sobald man alle Zutaten miteinander verrührt hat: Alles leuchtet in einem hellen Lila.

Die Roten Beten werden ungeschält in reichlich Wasser gar gekocht – das dauert je nach Größe 45 bis 60 Minuten. Sobald die Beten so weit abgekühlt sind, dass man sie anfassen kann, werden sie geschält und in ½ bis 1 cm große Stücke geschnitten. Die Graupen in leicht gesalzenem Wasser nach Packungsbeilage gar kochen. In einer Salatschüssel mit den Beten vermengen. Gehackte Petersilie untermengen. Meerrettich hineinrühren, ebenso den Senf. Olivenöl und etwas Essig dazugeben, pfeffern, mit Salz und Zitrone abschmecken. Zum Schluss den Schafskäse darüberkrümeln. Am besten lässt man den Salat 30 Minuten lang ziehen und würzt dann noch mal nach.

PASTE AUS ROTEN BETEN

Zutaten für eine Vorspeise für 2 Personen

1 kg Rote Beten
Olivenöl
Salz
120 g Mandeln
2 kleine Knoblauchzehen
5 EL saure Sahne
Saft von 1 Zitrone

Rezepte zur fleischfreien Breichenkost: So nennen einige meiner männlichen Kollegen diese Kolumne und werden sich bestätigt fühlen, wenn ich diese Paste aus Roten Beten vorstelle. Ich ziehe aus diesen Aussagen aber keine Schlüsse, das männliche Essverhalten im Allgemeinen betreffend, denn ich habe die Erfahrung gemacht, dass man mit pauschalen Annahmen meistens knapp danebenliegt. Ich kann mir zwar nicht vorstellen, dass Männer sich zum Abendessen rosafarbene Gemüsedips zubereiten, aber wenn alles, was meine Vorstellungskraft übersteigt, tatsächlich nicht existieren würde, könnte man nicht mal nach Übersee telefonieren.
Es handelt sich bei diesem Rezept um eine Variante der türkischen Vorspeise *pancar ezmesi*. Dafür kann man die Rüben dämpfen, bevor man sie püriert. Ich finde es aber besser, sie im Ofen zu rösten, denn ich habe eine seltsame Vorliebe für das süßliche Aroma von Gemüse, wenn es schon fast getrocknet aus der Backröhre kommt.

Den Ofen auf 180 °C Umluft vorheizen, Rote Beten schälen und vierteln, große Rüben achteln. Auf einem mit Backpapier ausgelegten Blech verteilen, mit Öl benetzen, salzen. 50 bis 60 Minuten lang im Ofen lassen. Etwa 15 Minuten vor Ende der Garzeit die Rüben mit einem Stück Alufolie abdecken, damit sie nicht zu braun werden. Inzwischen Mandeln in einer Pfanne ohne Fett rösten, dann grob hacken. Knoblauch schälen. Beten mit Mandeln und Knoblauchzehen pürieren, saure Sahne unterrühren. Mit Salz und Zitronensaft abschmecken. In eine Schale geben und etwas Olivenöl darübergießen. Am besten schmeckt getoastetes Fladenbrot dazu.

JAPANISCHER WEISSKOHLSALAT

Zutaten für 2 Personen

200 g Weißkohl (die inneren Blätter bevorzugen)
½ Salatgurke
1 TL Salz
1 kleine rote Chilischote
etwas Sojasoße

Dies ist ein Rezept für diejenigen, die ihre guten Vorsätze von Silvester nicht schon wieder vergessen haben und sich im neuen Jahr gesund ernähren wollen. Es reicht aber übrigens schon, sich halbwegs gesund zu ernähren. Wenn z. B. eine von drei täglichen Mahlzeiten zum großen Teil aus Gemüse bestünde, hätten viele schon viel gewonnen. Doch einer verbreiteten Meinung nach schließt eine wirklich gute Ernährung ganze Nahrungsmittelgruppen aus. Demnach reicht es nicht, wenig Kuchen zu essen, wenig Würstchen, wenig Tütensuppe – nein, all das muss aus der Küche für immer verschwinden. Und ein Lebensmittel, das als gesund gelten will, muss gleich mehrere gute Eigenschaften aufweisen, also »Superfood« sein, was bedeutet, dass ein Apfel nicht mehr genügt, es sollten Açaí-Beeren sein. Nichts gegen magisches Denken, aber den Sinn einer solchen Ernährung hat mir bislang noch niemand erklären können. Man kann meiner Ansicht nach morgens sehr gut ein Schokocroissant essen, abends diesen scharf angemachten Weißkohlsalat und trotzdem behaupten, man ernähre sich sehr gesund. Das Rezept stammt aus einem Kochbuch mit dem Titel *Japanische Küche für zwei*, das bedauerlicherweise nur noch antiquarisch erhältlich ist.

Die Stiele aus den Kohlblättern entfernen. Blätter in schmale Streifen schneiden. Die Gurke in feine Scheiben hobeln. Kohl und Gurke in eine Schüssel geben, mit Salz bestreuen und 30 Minuten oder länger ziehen lassen. Dann die Flüssigkeit mit der Hand aus dem Gemüse pressen. Die Chilischote entkernen, waschen, hacken und zum Kohl-Gurken-Gemisch geben, durchmischen, mit Sojasoße abschmecken. Ich presse manchmal noch eine kleine rohe Knoblauchzehe und ein bisschen Ingwer dazu, schmeckt auch sehr gut, ist aber wahrscheinlich sehr unjapanisch.

CURRY AUS WEISSKOHL UND KARTOFFELN

Zutaten für 2 Personen

1 Zwiebel
1 cm großes Stück Ingwer
2 Knoblauchzehen
1 rote Chilischote
150 g Weißkohl
3 mittelgroße Kartoffeln
2 EL Sonnenblumenöl
½ TL Kuminsamen
1 EL Tomatenmark
½ TL gemahlene Kurkuma
½ TL Koriander
½ TL Garam Masala
etwa 100 ml Wasser
Salz
etwas Saft von 1 Zitrone

Falls Ihnen das Weißkohl-Rezept auf Seite 192 gefallen hat, Sie aber jetzt nicht wissen, was Sie mit dem übrig gebliebenen Kohlkopf in Ihrem Kühlschrank machen sollen, hier eine Idee: ein Curry! Die Gewürze bringen in dieses Gericht so viel Power, dass man gar nicht merkt, wie wenig Fett es enthält. Und, auch praktisch, man kann sie im Supermarkt kaufen, Garam Masala gibt es im Asia-Markt. Ich verspreche Ihnen aber, dass das Zeug nicht in Ihrem Vorratsschrank verschimmeln wird: Die Gewürze kommen in dieser Kolumne immer wieder zum Einsatz. Ich träume übrigens davon, irgendwann meine eigenen Gewürzmischungen herauszugeben, wie heutzutage jeder Mensch, der öffentlich irgendwas mit Kochen zu tun hat. Wie Schuhbeck, dessen Wirken ich fasziniert aus der Ferne verfolge. Er ist auch Diätberater, ein übergewichtiger Diätberater, das finde ich so poetisch wie einen tauben Komponisten.

Für das Curry, das übrigens vage indisch ist, Zwiebel, Ingwer und Knoblauch schälen. Zwiebel fein schneiden, Ingwer und Knoblauch fein hacken. Chili entkernen, waschen und hacken. Weißkohl putzen, waschen und in feine Streifen schneiden. Kartoffeln waschen, schälen und in 1 bis 2 cm große Würfel schneiden. Nun wird das Öl in einem Topf erhitzt. Die Kuminsamen darin anbraten, bis sie anfangen, die Farbe zu verändern. Die Zwiebeln hinzufügen und ein paar Minuten lang dünsten. Dann Ingwer und Knoblauch in den Topf geben, schließlich Tomatenmark und Chili. Alles unter Rühren 2 Minuten lang anschwitzen. Die restlichen Gewürze hinzufügen, mit den Zwiebeln vermengen. Schließlich kommen Kohl und Kartoffeln in den Topf, mit Wasser begießen. Den Topf bedecken und das Ganze so lange bei mittlerer Hitze köcheln lassen, bis die Kartoffeln weich sind (es dauert je nach Größe der Kartoffelwürfel ungefähr 15 Minuten). Die Flüssigkeit sollte fast vollständig verdampft sein – falls nicht, für die letzten Minuten der Garzeit den Deckel vom Topf nehmen. Vor dem Servieren mit Zitrone abschmecken.

ROULADEN MIT LAMM

Zutaten für 4 Personen

8 große Spitzkohlblätter
1 kleine rote Chilischote
2 kleine Zwiebeln
1 Knoblauchzehe
Sonnenblumenöl
1 TL gemahlener Kreuzkümmel
Salz
400 g Lammhackfleisch
abgeriebene Schale und Saft von 1 Bio-Zitrone
150 ml Wasser
Holzzahnstocher

Draußen ist es kalt und dunkel. Bis der Frühling kommt, vergeht noch viel Zeit. Man sollte also das Gegenteil von Salat essen, z. B. Kohlrouladen. Diese Roulade hier enthält ein paar für uns ungewohnte Aromen wie Kreuzkümmel und Chili. Das habe nicht ich mir ausgedacht, das waren die Leute im Nahen Osten. Dort heißen Kohlrouladen Malfuf, und wahrscheinlich glauben die Araber genau wie wir, sie hätten das eingewickelte Hackfleisch erfunden.

Den Kohlkopf abwaschen und die äußeren ledrigen Blätter entfernen, den Kopf im Ganzen in Salzwasser kurz kochen, bis sich acht größere Blätter leicht lösen lassen. Die Blätter abtropfen lassen. Den Strunk keilförmig ausschneiden. Chilischote entkernen, waschen und hacken. Sonnenblumenöl in einer Pfanne erhitzen, Zwiebeln und Knoblauchzehe schälen, hacken und im Öl andünsten, bis die Zwiebeln glasig sind. Kreuzkümmel, Chili und Salz dazugeben. Dann Hackfleisch hinzufügen und alles unter Rühren 5 Minuten lang anbraten. Zitrone waschen und die Schale abreiben, eine Zitronenhälfte auspressen. Mit dem Saft das Hackfleisch ablöschen und alles weiterbraten, bis die Flüssigkeit verdampft ist. Schließlich Zitronenschale unterrühren und noch mal mit Salz abschmecken. Die Kohlblätter ausbreiten und jeweils 2 EL Hackfleisch daraufgeben. Zu kleinen Paketen rollen, die Seiten einschlagen und mit Zahnstochern feststecken. (Falls ein Kohlblatt zu klein sein sollte, rollt man zwei Blätter ineinander.) Die Rouladen in einen Topf setzen, in dem alle Rouladen nebeneinander Platz finden. Wasser dazugießen, die Flüssigkeit aufkochen lassen, dann alles im geschlossenen Topf bei mittlerer Hitze 30 Minuten lang schmoren lassen. Dazu passt ein Siebecksches Kartoffelpüree, also eins, in dem Kartoffeln und Butter in ähnlichen Anteilen enthalten sind.

TÜRKISCHES LINSENPÜREE

Zutaten für eine Vorspeise für 4 Personen

200 g rote Linsen
600 ml Wasser
1 ½ TL Salz
2 Lorbeerblätter
2 Zwiebeln
2 Knoblauchzehen
4 EL Olivenöl
2 EL Pinienkerne
1 TL gemahlener Kreuzkümmel
1 TL Zucker
Saft von ½ Zitrone
etwas Dill
Chiliflocken

Dieses Rezept für Linsenpüree stammt aus dem Kochbuch *Türkei vegetarisch* (Brandstätter). Es ist ein tolles Buch, das der Schönheit der türkischen Gemüseküche gewidmet ist. Man findet darin einen mit Joghurt angemachten Kichererbsensalat, in Maisgrieß gewendete Auberginen, mit Walnüssen gefüllte Zucchini. Die Autoren verschweigen allerdings, dass viele der Speisen in der türkischen Küche Beilagen zu Fleisch oder schlicht Vorspeisen sind, denen meist ein gegrillter Hammel folgt. Vielleicht darf ich mich auch Vegetarierin nennen, denn meine Gemüsebeilagen und -vorspeisen sind immer ohne Fleisch. Das Linsenpüree schmeckt gut zu gebratenem Lammkotelett, oder man isst es auf Weißbrot und macht dazu vielleicht noch ein Hummus oder die türkische Paste aus Roter Bete, die Sie auf Seite 190 finden. Ich habe das Rezept ein bisschen vereinfacht. Ich kann nicht anders, es ist eine Obsession geworden, Zutatenlisten aufs Minimum zu kürzen. (Den Dill brauchen Sie übrigens auch nicht unbedingt.)

Die Linsen waschen und mit Wasser, Salz und Lorbeer bei mittlerer Hitze und geschlossenem Deckel 15 bis 20 Minuten lang weich kochen. Dabei immer wieder umrühren. Die Linsen saugen das Wasser komplett auf und zerfallen. Die Masse soll nicht anbrennen, deshalb zum Ende der Garzeit nicht aus den Augen lassen. Lorbeerblätter entfernen. Zwiebeln und Knoblauch schälen und klein schneiden. In einer Pfanne mit Olivenöl erhitzen. Pinienkerne, Kreuzkümmel und Zucker dazugeben. Alles einige Minuten bei mittlerer Hitze dünsten, bis die Zwiebeln weich sind. Diese Mischung zu den Linsen geben, alles mit dem Stabmixer pürieren. Mit Zitronensaft abschmecken und mit gehacktem Dill und Chiliflocken bestreuen.

EIER IN ROTWEINSOSSE (ŒUFS EN MEURETTE)

Zutaten für 2 Personen

2 Schalotten
50 g Speck
60 g Butter
1 Lorbeerblatt
250 ml Rotwein
1 Prise Zucker
Wasser
2 EL Essig (z. B. Weißwein- oder Apfelessig)
2 (sehr frische) Eier
etwas Schnittlauch

Im Februar ist das Jahr nicht mehr jung, und endlich können wir unsere guten Vorsätze aufgeben und zu unserem wahren Ich zurückkehren. Speck, Rotwein, Butter, willkommen zurück! Wo seid ihr bloß so lange gewesen? Eier in Rotweinsoße ist ein klassisches französisches Gericht, das man Œufs en meurette nennt. Ich habe es zuletzt im Pariser Restaurant La Fontaine de Mars gegessen. Dort tut man so, als habe man von Diäten und gesunder Ernährung noch nie etwas gehört. Auf der Karte stehen Schweinskopfsülze, im Fett gegarte Ente und Innereienwurst.

Die Schalotten schälen, fein hacken. Den Speck würfeln. In einem Topf oder einer Pfanne die Hälfte der Butter zerlassen. Schalotten und Speckwürfel dazugeben und 5 Minuten lang anschwitzen. Das Lorbeerblatt dazugeben, den Wein hinzugießen. Zum Kochen bringen und dann ungefähr 30 Minuten lang bei mittlerer Hitze ohne Deckel köcheln lassen. Die Soße soll einkochen. Zum Schluss mit Zucker abschmecken. Vom Herd nehmen, Lorbeerblatt entfernen und die restliche (kalte) Butter dazugeben.

Frische Eier lassen sich besser pochieren, das Eiklar gerinnt schneller. Essig im Wasser hilft auch. Die Eier werden einzeln pochiert. Ausreichend Wasser zum Kochen bringen. Essig dazugeben, die Hitze etwas reduzieren, damit das Wasser nicht mehr sprudelt. Ein Ei in eine Kelle aufschlagen, zügig, aber vorsichtig in das Wasser gleiten lassen, dabei muss das Eigelb intakt bleiben. Mit einem Holzlöffel kann man dafür sorgen, dass das Eiklar, das sofort weiß wird, sich gleichmäßig um das Eigelb legt. Mit etwas Glück passiert das von allein. Ich würde sagen: Eier zu pochieren ist etwas, was man kann, wenn man es dreimal gemacht hat. Nach drei Minuten das Ei mit einem Schaumlöffel herausholen und kurz abtropfen lassen. In einen tiefen Teller setzen, die Soße darübergeben, mit Schnittlauchröllchen garnieren. Dazu kann man getoastetes Weißbrot und grünen Salat essen.

PASTA MIT ZITRONE

Zutaten für 2 Personen

200 g Spaghetti
50 g Butter
fein gehackte Schale von 1 Bio-Zitrone
2 EL Zitronensaft
Salz
Pfeffer
Parmesan

Ein gelungenes Wochenende: Man wirft Freitagabend die Schuhe in die Ecke und erst am Montagmorgen zieht man wieder eine richtige Hose an. Manche Altersgruppen mögen das anders sehen. Ich habe mit der Zeit jedenfalls eine ganze Reihe von Rezepten entwickelt, deren Zutaten man auf Vorrat kaufen kann, sodass man tagelang das Haus nicht verlassen muss. Die meisten dieser Rezepte kann ich hier nicht veröffentlichen, weil sie die Grenze des Originellen zum Absonderlichen schon überschritten haben. (Ich meine: Kochen macht wie das Tanzen meist mehr Spaß, wenn keiner zuguckt.) Diese Pasta ist aber gesellschaftsfähig, denke ich. Auf geheimnisvolle Weise verbinden sich die wenigen Zutaten zu einer geschmackvollen Mahlzeit, sodass man sich problemlos einreden kann, es handle sich um etwas viel Raffinierteres als mit Zitrone gewürzte Butternudeln.

Spaghetti in Salzwasser kochen. Währenddessen Butter und Zitronenschale in einer großen Pfanne erhitzen. Die Butter zergehen lassen, insgesamt alles 5 Minuten lang dünsten. Dann mit Zitronensaft ablöschen. Salzen und pfeffern. 3 Minuten vor Ende der Garzeit die Spaghetti aus dem Topf nehmen und in die Pfanne geben. Zwei Kellen vom Nudelwasser dazugießen. Die Flüssigkeit einkochen lassen. Die Pasta sollte dann gar sein, die Soße angedickt. Mit Salz, Pfeffer und vielleicht etwas Zitronensaft abschmecken, mit geriebenem Parmesan servieren.

OFENGEMÜSE MIT HONIG

Zutaten für 3 Personen

200 g Karotten
200 g Pastinaken
200 g Hokkaido-Kürbis
100 ml Olivenöl
3 EL Honig
1 TL Kumin
Salz
Pfeffer
2 EL Zitronensaft
frische Minze

Im Februar die Jahreszeit der allumfassenden Lustlosigkeit. Die Zeit, in der man darauf wartet, dass der Winter wider Erwarten einmal ein Ende haben wird. Die Zeit, in der man anfängt, Wollschals oder überhaupt Wolle zu hassen. Der verbliebene Elan könnte gerade noch reichen, um so ein Blech mit Ofengemüse herzustellen. Ich bereite es an vier Abenden in der Woche zu, wobei es Varianten gibt, die mir selbst und anderen den Eindruck vermitteln, es gebe jeden Abend etwas anderes zu essen. Ein Gemüse, das im Ofen geröstet wird, entwickelt einen besonderen Geschmack. Ich weiß nicht genau, woran das liegt. Es könnte mit dem im Gemüse enthaltenen Zucker zu tun haben, der durch das Rösten karamellisiert. Im besten Fall entsteht eine Kruste und innen ist das Gemüse weich.
Den Ofen auf 190 °C vorheizen. Die Karotten putzen, schälen, der Länge nach vierteln, ebenso mit den Pastinaken verfahren. Den Kürbis entkernen, ungeschält in ungefähr 1 cm breite Schnitze schneiden. In einer Schüssel mit Öl, Honig, Kumin, Salz und Pfeffer vermengen. Auf einem mit Backpapier ausgelegten Blech das Gemüse verteilen, darauf achten, dass es mit dem Olivenöl benetzt ist. Mit Alufolie abdecken und 20 Minuten backen. Dann Alufolie entfernen und weitere 20 Minuten backen. Mit Zitronensaft und dünn geschnittenen Minzblättern vermengen.
Kommen wir zu den Varianten. Zum einen kann man natürlich andere Gemüsesorten hinzugeben, z. B. Fenchel, Paprika, Süßkartoffeln. Zum anderen kann man, wenn das Gemüse aus dem Ofen kommt, gekochte Kichererbsen, gegarten Dinkel oder Reis unterheben und meinetwegen auch ein bisschen was von diesem omnipräsenten jungen Ziegenkäse, auf den sich aus irgendeinem Grund die Bürger des gespaltenen Landes, das Deutschland geworden ist, einigen können.

KICHERERBSENSUPPE

Zutaten für 2 bis 3 Personen

2 Dosen Kichererbsen
1 Zwiebel
Salz
Olivenöl
Wasser
schwarzer Pfeffer
1 Zitrone

Sie, liebe *Wochenmarkt*-Leser, und ich, wir sind die Ausnahme, denn wir kochen gern. Alle Statistiken in allen westlichen Ländern sagen: Es wird so selten wie möglich gekocht. Die Lebensmittelindustrie springt gern ein. Dort, wo die Tradition Frauen nicht zum Kochen nötigt, geben sie das Kochen auf. Der amerikanische Journalist Michael Pollan, dessen Buch *Kochen. Eine Naturgeschichte der Transformation* gerade auf Deutsch erschienen ist, sagt, das liege auch daran, dass man heute meine, die Herstellung von etwas am besten an andere zu delegieren. Die einzig legitime Form von Freizeit, Muße und Freiheit sei der Konsum – sich etwas leisten zu können. Schade, aber so ist es. Handgeschriebene Briefe waren ja auch sehr schön. Als ich Pollan in Berlin getroffen habe und ihn nach einem erprobten Rezept für den Herbst fragte, schlug er diese Suppe aus Kichererbsen vor. Die Suppe schmeckt köstlich, und das Rezept ist ein niedrigschwelliges Angebot an diejenigen, die es vielleicht doch mal mit dem Kochen probieren wollen. Man darf sogar eine Konserve benutzen. Verbote in der Küche wirken heute vollends albern angesichts der Tatsache, dass so wenige Menschen sich überhaupt fürs Kochen interessieren: eine Predigt vor leeren Bänken.

Die Kichererbsen wäscht man unter kaltem Wasser ab und lässt sie abtropfen. Zwiebel schälen, in Streifen schneiden und in einem Topf mit etwas Salz und Olivenöl anschwitzen, ungefähr 20 Minuten lang bei niedriger Temperatur (Pollan: »low and slow«). Die Kichererbsen dazugeben, so viel Wasser in den Topf gießen, dass sie gerade bedeckt sind. Aufkochen und 1 Stunde lang zugedeckt köcheln lassen, dann ist der Fond schön würzig. Die Suppe auf Teller verteilen, schwarzen Pfeffer daraufgeben sowie etwas Zitronensaft und Olivenöl. Was das Olivenöl betrifft: Ignorieren Sie den Hype, probieren Sie aus, welches Öl Ihnen schmeckt, und verwenden Sie es immer großzügig.

PASTA MIT KICHERERBSEN (PASTA E CECI)

Zutaten für 2 Personen

400 g Kichererbsen (aus der Konserve)
Pflanzenöl
1 Knoblauchzehe
2 Rosmarinzweige
ca. 800 ml Wasser
Salz
200 g Pasta (Ditaloni oder eine andere kurze Sorte)
Pfeffer
Parmesan

Tausende Liter Nudelkochwasser fließen täglich deutsche Abflüsse hinunter. Es ist ein Jammer. Ein paar Kellen des salzigen, stärkehaltigen Wassers in der Pastasoße verbessern sofort Geschmack und Konsistenz. Bei diesem Rezept, pasta e ceci, wird gleich alles zusammen in einem Topf gekocht, Nudeln und Soße. Es entsteht eine Textur, die an Käsesoßen erinnert. Ich könnte mir vorstellen, dass dieses Essen sehr gesund ist, weil es fettarm und nährstoffreich ist. Vor allem eignet sich dieses Gericht aber meiner Erfahrung nach für diejenigen, die an der Modekrankheit Winterdepression leiden (Symptome: Verlängerung der Schlafdauer, verstärkter Appetit auf Kohlenhydrate, Gewichtszunahme).

Die Kichererbsen kurz unter kaltem Wasser abspülen, dann in etwas Öl mit der geschälten Knoblauchzehe und den Rosmarinzweigen ungefähr 3 Minuten lang unter Rühren anschwitzen. 600 ml Wasser dazugießen, etwas Salz hinzufügen (nicht zu viel, da die Flüssigkeit stark einkochen wird), aufkochen und dann bei niedriger Hitze köcheln lassen. Nach 20 Minuten die Rosmarinzweige herausnehmen. Nach weiteren 10 Minuten 3 Esslöffel der Kichererbsen beiseitenehmen und mit der Gabel zerdrücken. Jetzt Pasta zu den Kichererbsen geben sowie 200 ml Wasser. Die Pasta gar kochen, dabei häufig umrühren, damit die Nudeln nicht zusammenkleben. Wasser dazugießen, falls die Soße zu dickflüssig wird. Zerdrückte Kichererbsen wieder in den Topf geben. Zum Schluss mit Salz abschmecken, mit Pfeffer und geriebenem Parmesan servieren. (Knoblauchzehe eventuell entfernen, falls sie sich nicht sowieso aufgelöst hat.)

ITALIENISCHES PFEFFERFLEISCH (PEPOSO)

Zutaten für 2 Personen

600 g Rindfleisch (aus dem Unterschenkel, z. B. Beinscheiben)
1 EL zerstoßener schwarzer Pfeffer
500 ml Rotwein
350 ml Wasser
Salz
Weißbrot

Man soll auch die einfachen Dinge im Leben zu schätzen wissen, weshalb ich neulich meine Nase in ein Glas mit schwarzen Pfefferkörnern gehalten und mich darüber gefreut habe, wie sie duften. Nur selten schafft man es ja, morgens vors Haus zu treten und glücklich darüber zu sein, dass die Sonne so schön scheint. Wem es aber gelingt, der führt ein weniger anstrengendes Leben, weil er sich gar nicht erst auf die Suche nach ausgefallenen Genüssen wie Vogelaugenchilis, Tonkabohnen oder Ähnlichem zu machen braucht. Das Rezept für dieses italienische Schmorfleisch – Peposo genannt – ist ein paar Jahrhunderte alt. Damals hatten die Leute noch nicht das Luxusproblem, vor dem Gewürzregal bei Kaisers immer die Orientierung zu verlieren. Es gab noch nicht einmal Tomaten im Florenz des 15. Jahrhunderts. Die vier Zutaten eines Peposo bilden ein Team: Wenn nur eine fehlte, wäre es ein ganz anderes Essen. Und jede Einzelne kann wiederum allein nicht viel ausrichten. Aber was ich eigentlich sagen will: Sie benötigen für dieses Gericht nicht viel, ein bisschen Zeit – und das Ergebnis schmeckt großartig. Kann man von einem Gericht mehr verlangen?
Am besten nimmt man Rindfleisch aus der Hesse, also aus dem Unterschenkel des Tiers. Das Fleisch wird durch Schmoren zart und aromatisch. Oft bietet der Metzger quer zum Knochen geschnittene Scheiben an. Der Knochen sitzt dann in der Mitte der Beinscheibe und kann mitgekocht werden. Fleisch in 2 cm große Würfel schneiden, in einem Topf mit schwerem Boden ohne Fett bräunen. Pfeffer im Mörser zerstoßen, mit dem Rotwein in den Topf geben. 1 ½ Stunden lang zugedeckt simmern lassen, ab und zu nachgucken, ob noch genug Flüssigkeit im Topf ist. Schließlich das Wasser dazugießen, salzen, 1 weitere Stunde garen. Die Flüssigkeit sollte dann eingekocht sein. Eventuell Salz hinzufügen. Auf getoastetem Weißbrot servieren.

GETRÄNKTER ORANGENKUCHEN

Zutaten für 1 Springform mit 26 cm Ø

Für den Teig
4 Eier
200 g Zucker
250 g Butter
100 g Weizengrieß
80 g gemahlene Mandeln
80 g Mehl
½ TL Backpulver
1 Bio-Orange

Für den Sirup
100 g Zucker
abgeriebene Schale und Saft von 2 Bio-Orangen

Ich habe die kleine, aber eingeschworene Gemeinschaft, die die Leser meiner Kolumne bilden, bereits an meiner Unfähigkeit zu backen teilhaben lassen. Aber ich habe nicht aufgegeben und es immer wieder probiert, und inzwischen kann man sagen, dass ich ganz ordentliche Kuchen backe. Keine Torten und Macarons, aber Rührkuchen wie diesen hier. Dazu zwei Gedanken. Erstens: Wer kein Talent hat, kann das mit Fleiß kompensieren. Zweitens: Kuchen backen ist das Entspannteste, was man überhaupt tun kann. Alles schrecklich, aber Butter, Eier, Mehl und Zucker vereinen sich immer noch zu einem himmlischen Ganzen. Dieses Rezept stammt aus meinem Lieblingsrestaurant in Berlin, dem Schädels in der Oderberger Straße. Ich habe die Köchin nach dem Rezept gefragt, sie hat es auswendig auf einen Zettel gekritzelt. Ihr Kuchen war auch, gebe ich zu, ein ganz kleines bisschen besser als meiner.

Eier und Zucker gut verrühren. Butter bei schwacher Hitze langsam zerlassen und dazugießen. Weizengrieß (man kann auch Maisgrieß nehmen), gemahlene Mandeln, Mehl, Backpulver dazugeben und alles verrühren. Orange waschen, Orangenschale fein abreiben, dann den Saft aus der Frucht pressen, beides zum Teig geben. Backpapier auf den Boden einer Springform klemmen, das Papier und die Ränder der Form mit Butter fetten. Teig in die Form geben, bei 180 °C Ober- und Unterhitze 30 Minuten lang backen. Um den Sirup zu kochen, Zucker mit Orangensaft und -schale aufkochen, bis der Zucker sich aufgelöst hat. Über den noch heißen Kuchen gießen und einziehen lassen.

BROKKOLI MIT HÜFTSTEAK

Zutaten für 2 Personen

300 g Brokkoli
2 EL Fischsoße
2 EL Sojasoße
ca. 2 EL Wasser
etwas Pflanzenöl
250 g Hüftsteak vom Rind
Salz
3 Frühlingszwiebeln
1 Knoblauchzehe
1 Stück Ingwer (ca. 3 cm groß)
2 Karotten
1 kleine rote Chilischote
Jasminreis

Im Prinzip kann man jedes Gemüse bei 200 °C im Ofen backen. Es schmeckt immer gut. Ich dachte, ich sei allein mit meiner Vorliebe für Angebranntes, aber jetzt habe ich in einem Magazin gelesen, dass schwarz verbranntes Gemüse einfach eine Mode ist. Und zwar, weil es so authentisch aussieht, nach Lagerfeuer, so mutmaßt der Artikel. Ich glaube, es hat nicht viel zu bedeuten. Auf Bewegungen folgen Gegenbewegungen, nach der Rohkost der vergangenen Jahre kommt jetzt das Verkohlte.
Es ist natürlich kunstvoll verkohlt, weshalb die Köche ohne Zeitgefühl sich keine Hoffnungen machen sollten. Brokkoli also wird genau richtig, wenn man ihn, in Röschen zerteilt, auf einem mit Backpapier ausgelegten Blech verteilt, etwas Olivenöl darübergibt – eine halbe Stunde später ist er fertig und schmeckt pur mit etwas grobem Salz. Andere Möglichkeit: ein *stir fry* mit Brokkoli. Ich glaube, auf Deutsch nennt man das pfannengerührt, eine korrekte, wenn auch etwas lieblose Bezeichnung des Vorgangs. Der Brokkoli wird dabei gebraten, sodass er äußerlich bräunt, aber noch Biss hat. Man kann für dieses Rezept statt Brokkoli auch Rosenkohl nehmen, den man vor der Verwendung halbiert.

Brokkoli waschen, in Röschen teilen. Fisch- und Sojasoße mit 2 EL Wasser vermengen, beiseitestellen. Öl in einer Pfanne erhitzen, Brokkoli darin anbraten. Hitze runterschalten, Pfanne abdecken, eventuell einen Schluck Wasser dazugeben, wenn man die dunkelbraunen Stellen doch fürchtet. Den Brokkoli ungefähr 5 Minuten lang braten, aus der Pfanne nehmen und beiseitestellen. Das Steak in ca. ½ cm dicke Scheiben schneiden, salzen. In derselben Pfanne noch mal Öl erhitzen, Fleisch darin höchstens 3 Minuten lang braten, dabei ab und zu wenden – das Fleisch sollte nicht durchgegart sein. Ebenfalls aus der Pfanne nehmen und beiseitestellen. Frühlingszwiebeln putzen, waschen und in Ringe schneiden. Knoblauch und Ingwer schälen, fein hacken. Karotten putzen, schälen und feine Streifen schneiden. Chili nach Belieben entkernen, waschen und hacken. In der Pfanne wieder Öl erhitzen, darin Frühlingszwiebeln, Knoblauch und Ingwer anbraten. Karotten und Chili dazugeben. Alles ungefähr 2 bis 3 Minuten lang unter Rühren garen, bis die Karotten weich sind. Brokkoli und Fleisch wieder dazugeben, ebenso die Soßenmischung unterrühren, alles noch mal erhitzen. Dazu weißen Reis servieren.

BIERGULASCH

Zutaten für 4 Personen

etwas Butter
1 kg Gulaschfleisch vom Rind
250 g Karotten
200 g Knollensellerie
½ große Zwiebel
½ l Schwarzbier
2 Lorbeerblätter
5 Wacholderbeeren
Salz
Pfeffer
Salzkartoffeln als Beilage

Der Winter dauert in unseren Breitengraden so lange, dass man manchmal meint, es gäbe den Sommer gar nicht, als wäre er nur eine so alberne Menschensehnsucht wie das Schlaraffenland. Es ist natürlich schön, über das Wetter zu klagen, denn das heißt, man hat keine anderen Sorgen. Man braucht fürs Jammern also gute Argumente. Ich empfehle einen längeren Aufenthalt in Hamburg im Februar. Es gibt hier eine spezifische Form von Regen, eine Art kalte Sprühwolke, die der Wind so geschickt lenkt, dass das ganze Gesicht erst einmal gründlich befeuchtet wird – bevor es schockgefroren wird. Der kollektive Wahnsinn der angeblich so vernünftigen Hamburger besteht darin, dass sie, darauf angesprochen, so tun, als sei das normal. Aber ich kann in dieser Jahreszeit der Unlust auch einen konstruktiven Beitrag leisten: ein Schmorgericht! Nachdem ich nämlich nun über Monate jedes Fleischstück in Rotwein geschmort habe, ist mir aufgegangen, dass Bier auch eine gute Schmorflüssigkeit ist, genauer gesagt Schwarzbier, das malzig schmeckt und etwas süß. So entsteht eine kräftige Soße, in die man am besten Salzkartoffeln tunkt.

In einem Topf mit schwerem Boden das Fleisch in Butter anbraten, dabei gelegentlich wenden. Wenn die Stücke von allen Seiten gleichmäßig gebräunt sind, aus dem Topf nehmen und beiseitestellen. Karotten und Sellerie putzen, schälen und fein würfeln, Zwiebel schälen, in Streifen schneiden. Ebenfalls in etwas Butter im selben Topf unter Rühren anrösten. Das Fleisch zum Gemüse in den Topf zurückgeben. Dann mit Bier ablöschen. Lorbeer, Wacholder, je 1 Prise Salz und Pfeffer dazugeben. Das Ganze zugedeckt etwa 1 ½ Stunden lang schmoren. Nochmals abschmecken.

REGISTER

S

T

W

Z

ZUR AUTORIN

Elisabeth Raether, geboren 1979, studierte in Berlin und Paris, arbeitete in einem Buchverlag und ist Co-Autorin des Buchs *Neue deutsche Mädchen* (2008). Für das *ZEITmagazin* entwickelte sie die kulinarischen Kolumnen »Wochenmarkt« und »Die trinkende Frau«, die ebenso erfolgreich als Sammelbände erschienen sind. Elisabeth Raether ist Redakteurin im Politikressort der *ZEIT*. Sie lebt in Hamburg und Berlin.